아직도 마녀가 있다고?

아직도 마녀가 있다고?

편견과 차별이라는
오래된 인류의 전염병, 마녀사냥

이경덕 지음

사□□계절

눈을 감고 그대 안에 있는 하늘을 보라.
그리고 그대의 생각들로 하여금 새가 되게 하라.

— 아메리카 원주민 —

글쓴이의 말

오늘날 세계 곳곳에서는 하루가 멀다 하고 갈등과 다툼이 일어나고 있습니다. 이슬람 근본주의자들에 의한 테러, 흑인과 백인 사이의 총격전, 미국과 중국의 남중국해를 둘러싼 갈등을 비롯해서 국내에서도 사드 배치와 세월호로 대표되는 여러 비극적인 사건을 둘러싼 크고 작은 갈등과 다툼이 발생하고 있습니다. 이런 갈등과 다툼의 원인은 여러 가지가 있을 것입니다. 이익을 위해서이거나 진실을 가리려 하기 때문이겠지요.

인구가 늘어나고 사회가 복잡해지면서 다툼과 갈등이 일어나는 것은 어쩌면 당연한 일입니다. 하지간 잔혹한 비극이 발생하는 것은 그 다툼과 갈등을 해결하는 과정에서 상대를 이해하고 설득하기보다 힘으로 제압하고 폭력을 앞세워 밀어붙이기 때문입니다. 그렇다면 우리는 어떻게 해야 할까요?

'화이부동 쟁이불이'(和而不同 諍而不異)

이 말은 신라 시대 뛰어난 승려였던 원효의 화쟁 사상을 압축한 말입니다. 뜻을 풀어 보면 '서로 다르기 때문에 화합하고, 서로 다르지 않기 때문에 다툰다.'가 됩니다.

언뜻 이해가 가지 않을 수도 있습니다. 많은 갈등과 다툼이 서로 다르기 때문에 생기는 것처럼 보이기 때문이지요. 실제로 서로 생각이나 종교, 피부색이 다르다는 이유로 갈등과 다툼이 일어나고 있으니까요.

그러나 원효의 화쟁 사상은 그 너머를 말하고 있습니다. 곧 갈등과 다툼이 없는 세상에 대한 이야기를 하고 있다는 말이지요. 그러니까 다툼과 갈등을 없애고 아름답고 행복하게 살기 위해서는 다른 것이 당연하다는 말입니다.

제가끔 다양한 다른 일을 하고 거기서 얻은 것을 서로 나누면 사회는 더 풍요로워지겠지요. 똑같은 생각을 하고 똑같은 일을 한다면 공장에서 대량 생산된 로봇과 다름없는 사람이 될 것입니다. 이는 미래를 다룬 SF 영화에 자주 등장하는 소재이지요. 그래서 원효는 서로 같아지기보다는 달라야 조화를 이루고 행복해질 수 있다고 주장했던 것입니다.

현대는 다양성의 시대입니다. 이것이냐 저것이냐를 선택할 일이 아닙니다. 오히려 현대의 추상화가 바실리 칸딘스키의 지적처럼 '그리고'의 세상입니다. '그리고'가 이어지면 새롭고 다양한 것들이 계속 나타납니다. 그리고 그것이 풍요로운 문화를 일굽니다.

우리는 불과 수십 년 전까지만 해도 흑백 TV를 봐야 했습니다. 1980년에 들어서야 컬러 TV의 시대가 시작되었고 지금은 풀 HD(초고화질)로 불리는 너무나도 선명하고 다채로운 색을 누리며 살고 있습니다. 흑과 백으로 이루어진 세계가 아니라 무지개 세상을 살고 있다는 말이지요.

그런데 우리 주위에는 여전히 흑백 TV처럼 생각하는 사람들이 많이 있습니다. 흑과 백, 곧 이것 아니면 저것이라는 틀에 갇힌 생각을 하는 사람들 말입니다. 이것이 옳고 저것은 틀리다고 생각하는 거지요. 주변에서 쉽게 찾아볼 수 있지요?

이런 생각을 보다 명확하게 표현하면 이분법적 사고라고 합니다. 세상을 둘로 나누어 하나는 옳고 또 다른 하나는 틀리다고 생각하는 방식이지요. 그러나 현대는 이것도 옳고, 저것도 옳고, 그리고 다른 것도 옳은 컬러 TV의 시대입니다.

앞서 말한 것처럼 사회에는 늘 갈등과 다툼이 있었습니다. 그리고 그것을 해결하기 위해 애쓰기보다는 다른 누군가에게(대개는 소수자와 약자) 책임을 뒤집어씌우고 사회에서 추방하거나 죽이곤 했습니다.

이 글은 이런 이분법의 논리가 적용된 사례 가운데 가장 참혹한 비극이었던 마녀사냥을 소재로 삼아 소설로 쓴 것입니다. 마녀사냥이 일어나게 된 배경부터 마녀사냥의 진행 과정, 그리고 오늘날 그것이 어떻게 변형되어 나타나고 있는지를 생생하게 이해할 수 있도록 이야기로 꾸몄습니다. 그리고 설명이 더 필요한 부분은 각각의 단편 끝에 달려 있는 '생각의 징검다리' 부분에 보충해 놓았습니다.

이 글을 통해 마녀사냥의 역사와 원리를 살펴보고, 여전히 되풀이되며 엄청난 비극을 초래하는 차별보다는 평화와 행복을 불러일으키는 '조화'에 대해 생각할 수 있는 계기가 되기를 바랍니다.

2016년 가을
글쓴이

차례

첫 번째 이야기

1351년 프랑스,
마농

"피에르, 마농! 얼른 숨어라."

밖에서 아버지가 황급하게 외치는 소리가 들려왔다. 마농은 소란스러운 이유를 알아보려고 밖으로 나가다가 아버지의 외침을 듣고 급히 몸을 돌렸다.

"얼른 피해! 아악!"

곧이어 아버지의 비명 소리가 들려왔다. 그리고 알아듣기 힘든 말소리와 뭔가 부서지는 소리가 들려왔다. 얼마 후 또 다른 비명 소리가 메아리처럼 들려왔다. 마농은 재빠르게 남동생 피에르의 손을 잡고 집 한구석에 있는 큰 바구니 쪽으로 달려가 피에르를 먼저 바구니 안으로 들여보내고 거적을 씌운 다음 안으로 들어갔다. 바구니 안은 비좁았다.

"왜 그래?"

피에르가 영문을 모르겠다는 듯 조그만 소리로 물었다.

"쉿, 도적들이 온 모양이야! 도적들이 아이들을 잡아간대. 그러니까 조용히 있어야 해."

그 순간 요란한 소리가 들리며 문이 벌컥 열렸다. 바구니 틈새로 낯선 남자가 두리번거리며 집 안을 살피고 있는 게 보였다. 손에는 피가 뚝뚝 떨어지는 묵직한 칼이 들려 있었다. 마농은 오른손으로 자기의 입을 막고 왼손으로 피에르의 입을 막았다. 낯선 남자는 집 안 여기저기를 돌아다니며 물건을 걷어차거나 들쳐 보았다.

그러고는 마농과 피에르가 몸을 숨기고 있는 바구니 쪽을 물끄러미 바라보다 천천히 다가왔다. 마농과 피에르는 조각상처럼 얼어붙어 숨도 쉬지 못하고 눈만 깜빡거리고 있을 뿐이었다. 쿵쾅쿵쾅 가슴 뛰는 소리가 너무 커서 밖에서도 들릴 듯했다. 마농은 심장을 꺼내 부수고 싶었다.

낯선 남자가 칼로 바구니를 덮어 놓은 거적을 한쪽으로 치우려는 순간 문에 다른 남자가 나타났다. 낯선 남자의 눈이 문 쪽으로 향했다. 그는 다른 남자와 몇 마디 알아들을 수 없는 말을 빠르게 주고받고는 밖으로 뛰어나갔다.

"휴, 어유."

마농과 피에르는 입을 막았던 손을 치우고 몇 차례 거칠게 숨을 내쉬었다. 그렇지만 바구니 밖으로 나가지 못했다. 둘은 오랫동안 가만히 좁은 바구니 안에 그대로 숨어 있었다. 바구니 안은 마농과 피에르가 내뿜은 뜨거운 숨결로 가득했다. 그렇게 꽤 긴 시간이 지나갔다. 바깥의 소란스러움은 이미 사라지고 없었다.

"나가도 되지 않아?"

피에르가 조심스럽게 물었다. 마농은 대답 대신 고개를 가로 저었다.

"마농, 안에 있니?"

남매의 엄마가 집으로 뛰어들어 오며 불렀다. 그제야 마농은 안도의 숨을 내쉬고 바구니 바깥으로 고개를 내밀었다.

"엄마, 나 여기 있어요. 피에르도요."

"이리 오너라. 오, 하느님! 살아 있었구나."

엄마는 마농과 피에르를 힘껏 껴안았다. 그리고 주위를 두리 번거렸다.

"아버지는 어디 계시니?"

"아까 바깥에서 우리에게 피하라고 소리치셨는데 그 뒤로는 보지 못했어요."

엄마는 절망스러운 눈빛으로 문밖으로 나가 주변을 살폈다. 여러 사람들이 길바닥에 쓰러져 있었다.

"마농, 이리로."

마농이 가까이 갔을 때 엄마는 쓰러진 사람들 속에서 아버지 를 찾아내 몸에 묻은 피를 닦아 내고 있었다. 아버지는 피를 흘 리며 거친 숨소리를 내고 있었다.

"이를 어떡해?"

남매는 엄마를 도와 아버지를 집 안으로 옮겼다. 엄마가 의사 를 부르러 간 사이에 마농은 연신 피를 닦아 내고 지혈을 했지 만 피는 계속 흘러나왔다.

"아빠, 정신 차리세요."

마농이 절규하듯 말했다.

아버지는 그날을 넘기지 못하고 슴을 거두었다. 마을 의사도 도적들에게 목숨을 잃어 어떤 응급 치료도 받지 못했다. 도적들은 아이들을 납치해서 노예로 팔아넘긴다고 했다. 마농과 피에르를 지키기 위해 아버지가 목숨을 옳고 만 것이다.

마농은 아버지가 슴을 거두기 직전 자기를 바라보던 눈동자를 마음 깊이 담았다. 가슴속에 억울함과 절망이 돌덩이가 되어 묵직하게 꽉 차는 느낌이 들었다. 너두나 원통해서 눈물이 쉼 없이 흘러내렸다. 어머니의 얼굴에는 더욱 깊은 주름이 새겨졌다. 그날 이후 어머니는 밤마다 신에게 기도를 올렸다. 남은 가족을 보살펴 달라고.

마을에 갑자기 전염병이 돌았다. 사람들이 아니라 가축들이 병에 걸렸고, 순식간에 많은 가축들이 죽었다. 아무도 원인을 알지 못했다. 특히 자크 씨의 가축들이 많이 죽었다. 사람들은 두려워하면서 저주가 내렸다고 수군거렸다. 그러나 아무도 대놓고 말하지는 못했다. 그 저주까지 옮을까 걱정되었기 때문이다.

"사안* 때문이야."*

옆집의 마리 아주머니가 내뱉듯이 단정적으로 말했다. 마리

---

* 비를 내리게 하거나 병을 낫게 해 주는 주술을 백주술이라 하고, 다른 사람들에게 저주를 내리고 해를 끼치는 주술은 흑주술이라 한다. 사악한 눈으로 사람이나 가축을 해친다고 믿었던 사안(evil eye)은 흑주술의 일종이었다. 사안은 유럽뿐만 아니라 중동 지역에서도 널리 퍼져 있던 믿음이었다. 이런 생각은 과학이 크게 발전한 오늘날에도 여전히 존재한다. 오늘날에도 배에 사안을 막아 주는 눈을 그려 넣거나, 사안을 막는 눈이 새겨진 목걸이나 브로치를 하고 다니는 사람들이 많다.

아주머니의 목소리는 매우 거칠고 탁했다. 마농은 무슨 말인지 몰라서 되물었다.

"사안이라뇨?"

"사악한 눈 말이야. 그건 악마의 눈이야."

마농이 여전히 모르겠다는 표정을 짓자, 마리 아주머니는 마농의 커다란 눈동자를 빤히 바라보면서 말했다.

"사악한 눈은 동물들의 피를 빨아들여. 사람들의 기운을 빼앗기도 하고. 그래서 병에 걸리고 시름시름 앓다가 죽는 거지."

마농은 깜짝 놀랐다. 눈이 마주치기만 해도 병들게 만들고 죽일 수도 있다니!

"누가 그런 짓을 한단 말이에요?"

"아마 지난번 도적 떼 가운데 사안을 가진 사람이 있었을 거야. 아니면 자크 씨에게 원한을 가진 사람이 있든지."

마농은 믿기가 힘들었다. 그러나 마리 아주머니의 표정은 진지했다. 아주머니는 불안한 사람처럼 자꾸 흘깃흘깃 주변을 살폈다.

"우리 마을에 사악한 마법사가 있다는 말이에요?"

"그건 모르지만 누군가 사악한 마법사에게 저주를 내려 달라고 부탁했을 수도 있지."

어떻게 쳐다보기만 해도 피를 빨고 병을 옮긴단 말인가. 사악한 마법사는 어디에 있는 걸까? 사악한 눈동자와 마법사가 마농의 머릿속에서 한동안 떠나지 않았다.

마농은 그날 밤 꿈에서 엄청나게 큰 눈동자를 보았다. 하늘에 태양이 낮게 떠 있는 것처럼 눈동자가 허공에 떠서 자기를 내려다보고 있었다. 마농은 온몸이 마비라도 된 것처럼 꼼짝도 할 수 없었고 그 큰 눈동자에서 눈을 돌릴 수가 없었다. 심지어 입도 벌리지 못해 비명 대신 낮은 신음 소리만 낼 수 있을 뿐이었다. 그대로 그 큰 눈동자에 빨려 들어갈 것만 같았다. 몸서리를 치며 꿈에서 깨어난 마농은 한동안 넋이 나간 사람처럼 멍하니 침대에 앉아 있었다. 그리고 사안이 있다는 것을 믿게 되었다.

"어제 이상한 꿈을 꾸었어요."

마농은 마리 아주머니를 찾아가 어젯밤에 꾼 꿈에 대해 이야기했다.

"혹시 그게 사안일까요?"

마리 아주머니는 안심시키려는 듯이 마농의 뺨을 어루만지며 말했다.

"아니야, 그건 사악한 눈동자가 아니야. 하지만 어쩌면 위대한 마법사가 너에게 힘을 주려는 것일지도 모르지."

마농은 자기도 모르게 큰 소리를 질렀다.

"마법사라고요?"

마리 아주머니의 설명에 따르면 세상에는 두 가지 마법사가 있다. 하나는 선한 마법사이고 다른 하나는 악한 마법사이다. 선한 마법사는 사람들의 마음을 평온하게 해 주고 병을 치유해서 건강하게 해 주지만, 악한 마법사는 사람들에게 저주를 걸어서 해칠 수 있는 힘을 갖고 있다. 마농은 혼란스러워 자기도 모르게 두 손을 모아 쥐었다.

"그럼 내가 꿈에서 본 눈은 사악한 눈이 아니라는 말이에요? 하긴 겁을 주려고 하기보다는 무슨 말인가를 하려는 듯했어요.

그게 뭔지 알 수는 없었지만."

"그 눈동자가 사안이었다면 너는 지금 이렇게 걸어서 다니지 못해. 피를 빨리고 병에 걸렸을 거야. 그것만 봐도 네 꿈에 나타난 눈동자는 사안이 아닌 게지."

마농은 한편으로 안심이 되었지만 마음 한구석은 여전히 불안하고 두려웠다.

"다음 달에 숲에서 모임이 있는데 너도 함께 가자. 어쩌면 네 꿈의 비밀을 알 수 있을지도 모르니."

마농은 어머니와 동생 피에르가 깊이 잠든 것을 확인하고는 몰래 집을 빠져나왔다.

어머니는 마농이 옆집 마리 아주머니와 친하게 지내는 것을 못마땅하게 생각했다. 이웃사촌이었지만 마리 아주머니가 교회에 나가지 않는 것이 마땅찮았기 때문이다.

"사람들이 마리 아줌마가 이상하대. 그러니 그 집에 자주 가지 마라."

지난주 교회에 다녀오면서 어머니가 마농에게 주의를 주었다. 마리 아주머니가 이상한 약을 만들어 사람들을 홀린다고 하면서 심지어 지난번 가축 떼가 죽은 것도 마리 아주머니의 짓일지 모른다고 했다. 마농은 그렇지 않다고 생각했지만 입 밖으로 꺼내지는 않았다.

"알았어요."

마농은 고개를 끄덕였다.

아버지가 세상을 떠난 뒤 어머니는 많이 수척해졌다. 얼굴이 푸석푸석해지고 자주 한숨을 내쉬었다. 마농은 어머니를 걱정시킬 이야기는 아예 하지 않는 편이 낫다고 생각했다. 어쩌면 어머니도 사악한 마법사의 저주에 걸린 것인지도 모른다.

어머니는 먼 곳을 바라보며 혼잣말을 하듯 중얼거렸다.

"사는 게 너무 힘들어, 후유."

마농은 언뜻 마리 아주머니가 했던 말이 떠올랐다. 그래! 내게 힘이 생기면 좋을 텐데. 마농은 힘을 얻어서 어머니와 피에르를 지키고 싶었다. 그리고 오늘 밤 그 힘을 얻기 위해 몰래 집을 나온 것이다.

종종걸음으로 캄캄한 골목을 지나가자 마리 아주머니가 낮은 목소리로 마농을 불렀다.

"이쪽이야."

마농은 가슴이 두근두근 뛰었다. 밤길도 무서운 데다 숲속에서 어떤 일이 기다릴지 몰라 불안하면서도 기대가 되었다. 숲으로 들어가 한참을 걸어가니 밝은 달빛 아래 넓은 공터가 나왔다. 몇몇 사람이 눈에 띄었는데 마리 아주머니는 그들이 이웃 마을에 사는 사람이라고 일러 주었다. 마농이 찬찬히 사람들을 살펴보았지만 마법사처럼 보이는 사람은 없었다. 하늘에서는 보름달이 환하게 빛나고 있었다.

시간이 조금 흐르자 사람들은 한자리에 모였다. 마농은 마리 아주머니 옆에 딱 붙어 있었다. 모임의 지도자로 보이는 사람의 지시에 따라 사람들은 서로 손을 잡고 둥글게 앉았다. 지도자가 이끄는 대로 사람들은 낮은 목소리로 기도했다. 숲속의 정령들에게 올리는 기도였다.

기도가 끝나자 사람들은 원을 그리며 가볍게 뛰기 시작했다. 뛰는 속도가 점점 빨라지자 숨이 가빠졌다. 마농은 숨을 헐떡이면서도 가슴속이 시원해지는 것을 느꼈다. 크게 소리도 지르고 싶었다. 한껏 소리를 지르고 나면 가슴속에 가득 찬 울분과 슬픔이 사라질 것 같았다.

어느 순간부터 마농은 무리에서 빠져나와 홀로 제자리에서 뛰고 있었다. 숨이 턱 밑까지 차올랐지만 뜀뛰기를 멈출 수가 없었다. 몸에서 비 오듯 땀이 흘러내렸다. 마농은 점점 높이 뛰어올랐다. 팔과 다리가 인형처럼 흐느적거렸지만 마농의 얼굴은 환희에 차 있었다.

얼마 후 마리 아주머니가 마농의 몸을 꼭 붙잡고서야 마농의 뜀뛰기는 멈추었다. 정신도 돌아왔다.

"내 몸에 날개가 달린 것 같았어요. 하늘을 나는 느낌이었어요."

마농은 숲의 모임이 끝나고 집으로 돌아오는 동안 마리 아주머니에게 계속 떠들어 댔다. 마리 아주머니는 마농의 이야기를 들으면서 연신 고개를 끄덕였다.

마농은 행복했다. 아버지가 비명에 세상을 떠난 뒤로 가슴에 차 있던 돌덩이 같은 것이 사라지고, 뭔지는 모르겠지만 따스하고 폭신폭신한 것으로 채워짐을 느꼈다. 사랑에 빠진 사람의 걸음걸이처럼 발이 땅에 닿지 않는 듯했다. 여전히 하늘을 날고 있는 것처럼 느껴졌다.

"어머니에게는 비밀로 해야 한다."

마리 아주머니는 골목 어귀에서 헤어지면서 마농에게 신신당

부했다. 마농은 마리 아주머니 말을 이해했지만 흥분된 상태였기에 가볍게 받아들였다. 마농은 치맛자락을 붙들며 발뒤꿈치를 세우고 조용히 문을 열고 집으로 들어갔다. 그러고는 재빠르게 침대에 누웠다.

지금껏 이렇게 행복했던 순간은 또 없었다. 따스한 흥분이 여전히 피부와 몸속에 남아 있었다. 발바닥이 얼얼했지만 그 또한 기분 좋은 얼얼함이었다. 알 수 없는 힘이 숲속의 샘처럼 힘차게 솟구치고 있는 듯했다. 마농은 곧 깊은 잠에 빠졌다.

마농은 꿈속에서도 새처럼 날았다. 숲이 보이고 강이 보였다. 시원한 바람이 얼굴을 스치고 지나갔다. 평화로웠다. 세상이 이렇게 평화롭다면! 마농은 미소를 지었다.

"설마 무슨 일이 생기겠어?"

마농은 마을 어른들이 가끔 불안한 표정으로 전쟁에 대해 주고받는 이야기를 들었다. 전쟁은 마농이 태어나기도 전에 일어났다고 했다. 하지만 마농이 살고 있는 작은 마을은 전쟁터에서 멀리 떨어져 있어 소문만 무성할 뿐 실감이 나지 않았다. 마농은 그럴 때마다 혼잣말로 중얼거렸다. 그래도 막상 가슴속을 메우고 있는 불안은 가시지 않았다.

"괜찮을 거야. 마리 아주머니가 우리 마을은 숲의 정령들이 지켜 준다고 했으니까."

마농은 일요일이면 식구와 함께 교회에 가서 성경에 나오는 이야기를 들었지만, 옆집에 혼자 사는 마리 아주머니가 들려주는 숲의 이야기가 훨씬 재미있었다. 마리 아주머니 이야기 속에 나오는 숲에는 정령도 있고 괴물도 살았다. 무엇보다 마농의 귀를 쫑긋 세우게 하는 이야기는 숲에서 벌어지는 흥미진진한 파티였다. 숲에 사는 존재들과 사람들이 한곳에 모여 축제를 벌이는 이야기였다.

"그 파티는 일 년에 한 번 열려."

마농은 밝은 달빛 아래에서 격렬하게 춤을 추던 그날 밤을 떠올렸다.

마농이 마리 아주머니 집에서 나왔을 때 건너편에서 손을 흔드는 동생 피에르가 보였다.

"누나, 큰일 났어. 빨리!"

마농은 나쁜 짓을 하다가 들킨 사람처럼 가슴이 덜컥 내려앉았지만 짐짓 태연한 표정으로 물었다.

"무슨 일이야?"

"마을에 칼을 든 병사들이 나타났어."

병사라는 소리에 마농은 잠깐 현기증이 일었다. 세상이 빙빙 돌았다. 언뜻 하늘을 날고 있는 듯한 기분이 들었다. 그리고 허공에 목이 매달린 채 죽은 시체와 비명을 지르며 활활 불타고 있는 사람이 떠올랐다. 몸서리가 쳐질 정도로 잔혹한 장면이었다. 마농은 두려움에 몸을 부르르 떨었다.

"무서운 일이 일어날 거야. 많은 사람들이 처참하게 죽어 갈 거야."

마농의 입에서 떨리는 목소리가 새어 나왔다. 자기도 모르게 내뱉은 말이었다. 피에르는 마농의 몸을 흔들었다.

"누나, 누나, 왜 그래?"

그제야 마농은 퍼뜩 정신을 차리고 자기를 빤히 바라보고 있는 피에르의 손을 잡았다.

"아무에게도 말하면 안 돼."

"뭘 말이야?"

마농은 무릎을 굽히고 피에르의 뺨을 두 손으로 감싼 뒤 빙긋 웃었다. 피에르도 덩달아 웃었다. 피에르는 이제 여덟 살이었다.

"어디야? 군인들 말이야."

"마을 바깥에 있어. 마을 사람들이 자크 씨네 술집 앞에 모여 있어."

마농은 피에르의 손을 잡고 사람들이 모여 있는 곳으로 향했다. 자크 씨네 술집 앞에는 많은 사람들이 모여서 웅성거리고 있었다. 마농은 그 사이에서 엄마를 발견하고 그쪽으로 갔다.

"엄마, 무슨 일이에요?"

마농의 엄마는 펄쩍 뛰듯 놀라며 마농을 빤히 보았다.

"어디 있었어? 한참을 찾았잖아."

마농은 적당히 둘러댔다. 사실대로 말하면 추궁을 받을 게 뻔했다.

엄마 말에 따르면 어디서 왔는지 모르는 병사 넷이 마을 어귀에 나타났다고 했다. 그 때문에 공포와 불안을 느낀 마을 사람들이 한곳에 모여 있는 것이라고 했다. 그리고 마을 어른 몇 명이 병사들을 만나러 갔다는 사실도 알았다.

얼마 후 병사를 만나러 갔던 어른들이 돌아왔다. 마을 사람들은 시끌벅적 저마다 궁금한 것을 쏟듯이 물어 댔다.

"전쟁이 나는 거요?"

"우리도 전쟁에 나가야 하는 거야?"

자크 씨가 손을 들어 마을 사람들의 입을 막았다.

"저들은 전쟁터에서 이탈한 병사들이에요. 마을에서 며칠 묵게 해 달라고 하는데, 어떻게 할까요?"

다시 사람들이 저마다 의견을 내놓았다. 전쟁의 그림자가 마을에 들어와서는 안 된다고 말하는 사람도 있고, 불쌍하니 받아 주자는 의견도 있었다. 마농은 직감으로 그들을 마을에 들여서는 안 된다고 느꼈지만, 잠자코 어른들이 주고받는 이야기를 듣고만 있었다.

사람들의 의견은 마농의 생각과 반대로 향했다. 순박하고 선량한 마을 사람들은 병사들에게 쉴 곳과 먹을거리를 제공하기로 결정했다. 자크 씨가 병사들을 데리고 왔다. 그리고 사람들은 자기 집으로 돌아갔다.

"마농!"

마농이 집 앞에 이르렀을 때 어디선가 부르는 소리가 들렸다. 고개를 돌려 보니 옆집 마리 아주머니였다. 마농의 얼굴에 저절로 미소가 떠올랐다. 마농은 아주머니를 향해 손을 흔들었다.

"집에 계셨어요? 마을 사람들이 모두 모였는데."

"나까지 호들갑 떨 게 뭐 있어. 밤에 놀러 와. 좋은 걸 알려 줄게."

마리 아주머니가 눈을 찡긋했다. 마농은 씩 웃으며 고개를 끄덕였다.

그날 밤, 마농은 마리 아주머니에게 마음을 평온하게 해 주는 약 만드는 법을 배웠다. 아주 오래전부터 비밀리에 전해진 방법이라고 했다.

전날 마농과 마리 아주머니는 숲에서 몇 가지 약초를 따 왔다. 마리 아주머니가 약초 고르는 방법을 알려 주었다. 마농은 약이 되는 식물과 독이 되는 식물이 있다는 것을 처음 알았다. 약초뿐만 아니라 산열매를 따 먹으며 마농은 기쁨을 느꼈다.

"이렇게 마지막에 피 몇 방울만 넣으면 돼. 그리고 주문을 외는 거지."

마리 아주머니는 칼로 손끝을 찔러 피를 낸 다음 약초를 끓인 물에 몇 방울 떨어뜨렸다. 그리고 낮은 목소리로 주문을 외었다.

마농은 마리 아주머니와 함께 만든 약을 마셨다. 쌉쌀하면서도 부드러운 향이 입안에 감돌았다. 머리가 맑아지는 느낌이 들었다. 마농은 어머니에게도 약을 드리고 싶었지만 마리 아주머니는 내켜하지 않았다.

"글쎄, 별로 좋은 생각이 아니야. 너희 어머니는 약보다 신에게 기도하는 게 더 효과가 있다고 믿을걸. 당분간은 비밀로 하자."

마농은 말없이 고개만 끄덕였다. 약효 때문인지 낮에 느꼈던 공포가 사라지고 마음이 평온해졌다.

모든 게 신기했다. 숲속 모임도 그렇고, 마리 아주머니의 마법사 이야기도 그렇고, 약도 신기했다. 한편으로는 어머니를 속이고 있다는 죄책감이 들었지만, 스스로 큰 잘못을 저지르고 있다고는 생각하지 않았다. 아버지의 죽음 이후 마농에게는 마음을 의지할 곳이 필요했다. 어머니는 신의 말씀을 따라야 한다고 했지만 마농은 어디에서도 신의 말씀과 모습을 찾아내지 못했다.

오히려 마리 아주머니가 구원자처럼 느껴졌다. 마리 아주머니 말이라면 뭐든지 믿을 수 있다고 생각했다.

얼마 후 마농이 불현듯 느꼈던 불안이 구체적인 현실이 되었다. 며칠간 조용히 몸을 추스르며 마을 사람들과 잘 어울리던 병사들이 갑자기 태도를 바꿔 본색을 드러낸 것이다.

"어이, 아가씨들!"

자크 아저씨 술집에서 술을 잔뜩 마시고 거리로 나온 병사들이 지나가는 마을 아가씨 둘에게 낄낄거리며 수작을 걸었다. 병사들의 돌연한 행동에 아가씨들은 두려움에 떨며 달아나려고 했다. 네 명의 병사들은 아가씨들을 에워쌌다. 병사 중 하나가 한 아가씨의 팔을 붙잡았다. 아가씨는 병사의 팔을 뿌리치려고 했지만 오히려 병사는 아가씨를 껴안았다. 그사이에 다른 병사는 다른 아가씨의 치마를 치켜 올렸다.

"아악! 이거 놔요."

아가씨들은 비명에 가까운 소리를 질렀다. 그 소리를 들은 인근 마을 사람들이 달려 나왔다. 마을 사람들이 말리려고 했지만 병사들은 고래고래 소리를 지르며 난동을 피웠다. 마을 아가씨들은 병사들 손아귀에서 벗어났지만 너무 놀란 나머지 서로 부둥켜안고 엉엉 울음을 터뜨렸다. 병사들이 숙소로 돌아가 곯아떨어지는 것으로 소동은 끝이 났다. 그러나 그것은 끝이 아니라 시작이었다.

마을 사람들은 회의 끝에 병사들을 마을에서 내보내기로 결정했다. 그 사실을 통보하자 병사들은 며칠 후에 떠나겠다고 약속했다.

그날 이후 병사들은 난동을 부리지는 않았지만 뭔가 음모를 꾸미는 사람들처럼 날카로운 눈동자를 빛내며 마을을 돌아다녔다. 전날의 난동을 전해 들었기 때문이 마을 사람들은 경계의 눈초리로 병사들을 지켜보았다. 마음에 들지 않았지만 며칠 후면 떠난다니 참기로 했다.

"이제 곧 고향으로 떠날 준비를 해야지."

자크 아저씨가 넌지시 병사들에게 권유했지만 병사들은 귀담아듣지 않았다. 그들이 무슨 생각을 하고 있는지 알 수 없었다. 마을 사람들은 적잖이 불안한 마음으로 그들을 지켜보았다.

"엄마, 이것 좀 마셔 봐요. 괜찮아질 거예요."

마농은 침대 곁에 앉아서 마리 아주머니와 함께 만든 약을 어머니의 입에 조금씩 흘려 넣었다. 전날부터 어머니는 자리에서 일어나지 못했다. 마농은 비밀을 지키겠다는 마리 아주머니와의 약속 때문에 조금 망설였지만 아픈 어더니를 두고 볼 수만은 없었다.

"좀 졸립구나."

어머니는 약을 먹고 얼마 후에 깊은 잠에 빠졌다. 마농은 어머니를 위해 숲에서 약초를 따 왔다. 집에 돌아왔을 때 어머니는 여전히 잠을 자고 있었다. 마농은 부엌으로 가서 약초를 정성스럽게 끓이기 시작했다. 한창 보글보글 소리를 내며 물이 끓었다. 가벼운 풀냄새가 허공을 채웠다. 이제 피 몇 방울만 넣으면 끝이었다. 마농은 얼굴을 찡그리고 칼을 들어 손가락을 찔렀다. 통증이 밀려오면서 피가 뚝뚝 떨어졌다. 끓는 물속으로 피가 재빠르게 퍼져 나갔다. 막 주문을 외우려는 순간, 등 뒤에서 갑자기 어머니가 나타났다.

"마농, 뭐 하는 거야?"

마농은 너무 놀라서 손에 들고 있던 칼을 떨어뜨렸다. 칼이 쟁하는 날카로운 소리를 내며 바닥에 떨어졌다.

"아무것도 아니에요."

마농은 얼른 돌아서서 약초 끓이는 물을 가리면서 말했다. 아까까지 기운이 없어 거동도 못 하던 어머니가 매서운 눈초리로 마농을 노려보며 물었다.

"뭐냐니까?"

마농의 가슴은 크게 뛰었다. 죄책감이 샘물처럼 솟아났다.

"그게…… 마리 아주머니에게 배운 거예요. 이걸 마시면 낫는다고 했어요. 엄마가 기운을 차리지 못하시니……."

마농은 말끝을 흐렸다. 어머니는 한동안 말없이 마농을 바라보았다.

"아까 내 입에 넣은 것도 그거니?"

긴 침묵을 깨고 어머니가 입을 열었다. 마농은 말없이 고개만 끄덕였다.

"저건 뭐야?"

어머니가 부엌 바닥에 떨어진 칼을 가리키며 물었다.

"지난번에 만든 약이 떨어져서 새로 만들려고……."

어머니는 하나씩 캐물었고 마농은 주저하면서 묻는 말에 대답했다. 어머니는 마농의 대답을 들으며 얼굴이 조금씩 붉어졌다. 화를 참고 있는 게 마농에게도 전해졌다. 마농은 고개를 푹 숙이고 모기만 한 목소리로 그동안 있었던 일들을 털어놓았다.

"밤에 숲에 갔었다고?"

어머니의 분노가 커지면서 마농의 목소리는 점점 울먹임으로 변했다.

"엄마, 그게…… 나는 가기 싫었는데 마리 아주머니가 가야 한다고 해서……."

마농은 어머니의 표정이 너무 무서워서 거짓말을 하고 말았다. 그리고 바로 후회했다. 어머니가 곧장 밖으로 뛰어나갔기 때문이다. 어머니는 언제 아팠냐는 듯이 기세 좋게 마리 아주머니를 밖으로 불러냈다. 곧이어 날카롭고 격앙된 목소리와 탁하고 낮은 목소리가 뒤섞여 들려왔다. 마농은 머리를 감싸 쥐고 그 자리에 주저앉아 울음을 터뜨렸다.

주로 어머니가 쉴 새 없이 추궁을 했고 간헐적으로 마리 아주머니가 낮고 탁한 목소리로 변명을 하듯이 말했다.

"한밤중에 우리 애를 숲으로 데리고 갔다며? 늑대라도 나타나면 어쩌려고 그 위험한 곳을."

"위험하지 않아. 그리고 그건 단순한 기도 모임일 뿐이야. 마농에게 물어보면 알 것 아냐?"

마농은 자기 이름이 불리는 것을 듣고 퍼뜩 정신을 차렸다. 밖으로 나가 보니 마을 사람들이 빙 둘러서 어머니와 마리 아주머니의 공방전을 지켜보고 있었다. 한쪽에서는 네 명의 병사가 눈을 가늘게 뜨고 흥미롭다는 듯이 마리 아주머니를 바라보고 있었다.

마농은 가슴이 덜컥 내려앉았다. 심장이 마구 뛰고 강렬한 현기증이 몰려왔다. 언뜻 꿈에서 보았던 커다란 눈동자가 마농을 삼켰다고 생각했다. 며칠 전에 그랬던 것처럼 세상이 빙글빙글 돌아가고 허공을 나는 느낌이 들었다. 그 순간 허공에는 목이 매달린 채 죽은 시체와 비명을 지르며 불타고 있는 사람이 풍선처럼 떠 있었다. 무엇인가 썩은 것이 타는 고약한 냄새가 풍겨 오는 듯했다.

"아악! 시체가 저기에 걸려 있어요."

마농은 부들부들 떨면서 허공을 가리키다가 그 자리에 푹 쓰러졌다. 사람들이 수군거리는 소리가 희미해지는 마농의 의식 속으로 날아들었다. 마농은 의식을 잃었다. 군인들이 많은 사람들 틈에서 음흉하게 웃고 있었다.

다음 날은 부드러운 햇살이 따스하게 비쳐 드는 숲속의 아침처럼 평온했다. 마농은 여전히 누워 있었지만 아픈 곳은 없었다. 어머니는 편안한 표정으로 마농의 침대 옆을 지키고 있었다. 마농은 언뜻 그 약 때문에 어머니가 나은 게 아닐까 생각했지만 이내 머리를 흔들어 그 생각을 지웠다. 동생 피에르는 놀러 나갔는지 보이지 않았다.

"엄마, 나 일어날래요."

마농이 입을 열자 어머니가 마농의 입술에 손을 댔다. 따스한 온기가 입술을 타고 가슴으로 전해지는 듯했다.

"쉿, 좀 더 누워 있으렴."

마농은 어머니의 만류를 뿌리치지 못하고 그대로 누워 있었다. 그러나 곧 자리에서 일어나야 했다. 마리 아주머니 집에서 남자들의 거친 목소리가 들려왔기 때문이다. 마농과 어머니는 거의 동시에 집 밖으로 나갔다.

"악독한 놈들!"

마리 아주머니는 분을 참지 못하고 탁한 목소리로 고래고래 소리를 질렀다. 네 명의 병사들은 욕을 먹으면서도 차갑다고 느껴질 정도로 무표정했다. 평소엔 반쯤 취한 것처럼 흐트러진 모습이었던 군인들이 어쩐 일인지 군복을 말끔하게 차려입고 있었다.

"너희 같은 놈들에게는 빵 한 조각도 줄 수 없어."

마리 아주머니는 내뱉듯이 말을 던지고 쾅 소리가 나게 문을 닫았다. 군인들은 여전히 침착한 표정으로 닫힌 문을 바라보았다. 한 군인이 문으로 다가가 낮지만 단호한 목소리로 말했다.

"잘 생각해 보쇼."

마농은 병사들이 떠난 것을 확인하고 재빠르게 마리 아주머니 집으로 들어갔다. 어머니도 뒤따라 들어왔다.

"무슨 일이에요?"

"나도 무슨 말인지 모르겠어. 내가 가진 목걸이와 금반지를 내놓으라는 거야."

마리 아주머니는 반지가 끼워진 손가락으로 목걸이를 만지며 대답했다.

"아무 이유도 없이?"

"내가 사악한 마술을 퍼뜨리는 사람이라는 거지. 그걸 사람들에게 알리겠다며 자기들 입을 막으려면 내가 가진 보석들을 내놓으라는 거야. 나쁜 놈들!"

마리 아주머니는 탁한 목소리로 중얼거리듯이 말을 뱉어 냈다.

"아주머니가 의사도 아닌데 약을 만들고, 교회는 나가지 않고 숲속의 집회에 나가니까 그런 말을 듣는 거 아냐?"

어머니가 핀잔을 주듯 말했다.

"그게 뭐 어때서? 교회에서 말하는 신의 힘이나 성인들의 기적이라는 것도 따지고 보면 당신들이 비난하는 주술과 다를 게 없잖아? 모세도 뱀을 불러 이집트의 파라오를 놀라게 했는데, 그것을 당신들은 이적이라고 부르지만 주술과 뭐가 다른 거지? 중요한 것은 우리가 건강하게 평화롭고 행복하게 사는 거지, 안 그래?"

"그래도 기적과 주술은 다르지."

마농의 어머니는 자신 없는 말투로 대답했다.

"기적은 뭔지 알겠는데 주술은 뭐예요? 나쁜 건가요?"

마리 아주머니와 마농의 어머니는 마농의 연이은 물음에 대답하기 곤란한 표정으로 서로 얼굴을 마주 보았다. 마농은 두 사람의 얼굴을 번갈아 보았다. 침묵이 잠깐 흐른 뒤에 마농의 어머니가 입을 열었다.

"내가 알기로 주술은 마법사들이 하는 거고, 기적은 성인들이 믿음이 없는 사람들에게 보여 주는 거지."

그 말에 마리 아주머니는 펄쩍 뛰었다.

"그럼 내가 마법사란 말이야? 당신들은 마법사라는 말을 나쁜 의미로 쓰고 있잖아. 내가 사악한 마법사란 말인데, 말도 안 되는 소리!"

마리 아주머니는 으르렁거리며 분노했다.

"그런 뜻이 아닌데."

마농의 어머니는 설명하기 어렵다는 표정을 지었다. 그때 거칠게 문 두드리는 소리가 들려왔다. 마리 아주머니의 표정이 굳어졌다. 모두 꼼짝도 하지 않았다. 얼마 후 다시 문을 두드리는 소리와 함께 낯익은 목소리가 들려왔다. 자크 아저씨였다. 마리 아주머니는 마농의 얼굴을 한 번 보고 주춤거리며 문을 열었다.

"이 나쁜 년!"

자크 아저씨는 마리 아주머니를 보자마자 욕설을 퍼부었다. 마리 아주머니는 영문도 모른 채 욕을 먹었다. 마농은 무서운 예감이 들어 밖을 내다보았다. 마을 사람들이 삼삼오오 모여서 무엇인가 쑥덕거리고 있었다.

자크 아저씨가 발악을 하듯 소리쳤다.

"지난번에 내 가축들을 죽인 게 당신이지? 당신의 사악한 눈이 우리 가축을 죽였잖아. 잔인한 마법사! 그때 내 가축들이 얼마나 많이 죽었는지 알아!"

마농의 가슴은 철렁 내려앉았다. 평소에 선량하고 친절하던 자크 아저씨가 악령에 사로잡힌 사람처럼 마리 아주머니에게 폭포수처럼 욕을 쏟아 냈다.

"난 아니야, 아니라고."

마리 아주머니는 울면서 결백을 주장했다. 마을 사람들은 이미 이야기를 들었는지 표정이 냉담했다.

"당신이 마농을 꼬드겨 사악한 마법사들 모임에 데리고 갔잖아."

"지난번에 마농이 시체가 불타고 있다고 소리치고 쓰러진 걸

봤잖아."

"당신의 사악한 눈이 도적 떼를 불러들인 것 아니야?"

마농은 마리 아주머니가 사악한 마법사라고 생각하지 않았다. 누구보다도 그 사실을 잘 알고 있었다. 마농은 도와 달라는 표정으로 어머니를 바라보았지만 어머니는 고개를 옆으로 돌렸다. 어쩌면 죽은 아버지의 얼굴을 떠올렸는지도 모른다. 마농은 절망스러웠다. 눈에서 굵은 눈물이 흘러내렸다. 주저하던 마을 사람들도 모두 마리 아주머니에게 욕을 퍼붓기 시작했다.

"마을을 떠나라, 사악한 마법사! 악마!"

"난 아니야! 아니라고!"

마리 아주머니는 울부짖듯 외쳤지만 그녀의 말을 귀담아듣는 사람은 없었다. 마을 사람들은 무엇인가에 홀린 것처럼 합창을 하듯 마리 아주머니에게 마을을 떠나라고 소리쳤다. 마리 아주머니는 그 자리에 털썩 주저앉았다.

자크 아저씨가 마리 아주머니를 일으켜 세운 뒤 집에서 끌어냈다. 그리고 질질 끌듯 마리 아주머니를 마을 바깥으로 데리고 갔다. 숲으로 향하는 길이었다. 마을 사람들은 야유를 하며 뒤를 따라왔다. 누군가 던진 돌이 마리 아주머니의 등에 맞았다. 마농은 얼굴이 붉게 상기된 채 안절부절못하며 뒤를 따라갔다.

"마을로 다시 돌아오면 죽여 버릴 거야."

자크 아저씨는 분노를 참지 못하겠다는 듯이 버럭 소리를 질렀다. 마리 아주머니는 체념한 눈으로 고함을 지르고 있는 마을 사람들을 물끄러미 쳐다보다가 마농과 눈이 마주쳤다. 마농은 그 자리에서 죽고만 싶었다. 모두 자기 잘못이라고 생각했다. 마리 아주머니는 마농을 향해 고개를 살짝 끄덕거리고는 어깨를 축 늘어뜨린 채 숲으로 들어갔다.

다음 날 아침 일찍 군인들이 마을에서 떠났다. 마을은 거센 태풍이 휩쓸고 지나간 것처럼 황량했다. 해가 떠오른 지 오래되었지만 길에는 아무도 없었다.

마농은 잠을 이룰 수가 없었다. 가슴이 답답했다. 돌덩이가 가슴을 꽉 메우고 있는 느낌이었다. 숨이 막혀 죽을 것만 같았다.

마농은 마리 아주머니가 사악한 마법사가 아니라는 것을 누구보다도 잘 알고 있었다. 마농은 오랜 망설임 끝에 굳은 결심을 하고 자크 씨를 찾아갔다.

"정말로 마리 아주머니가 사악한 마법사라고 생각하세요?"

잔뜩 술에 취해 있던 자크 아저씨는 뚫어지게 바라보는 마농의 눈길에 고개를 돌리고 머리만 긁적거리며 자신 없는 목소리로 대답했다.

"군인들이 그렇게 말했고, 지난번에 가축들이 많이 죽어서 순간적으로 나도 화가 난 거지."

마농은 말문이 막혔다. 속에서 무엇인가 치밀어 올랐지만 아무 말 없이 뒤돌아섰다.

자크 씨 집에서 나온 마농은 이리저리 걷다가 답답한 마음을 달래려 숲길로 접어들었다. 약초라도 캘 생각이었다. 어쩌면 마리 아주머니를 만날 수 있을지 모른다는 기대도 있었다.

얼마쯤 걸었을까, 나무에 무엇인가 걸려 있는 게 보였다. 가까이 다가간 마농은 순간 비명을 지르며 털썩 주저앉았다. 마농의 날카로운 비명 소리가 멀리 퍼져 나갔다. 마농은 고개를 돌리려고 했지만 눈길은 자기도 모르게 어느새 나무로 향했다.

시체였다. 마리 아주머니의 시체가 나무에 걸려 있었다. 언젠가 현기증을 느끼며 보았던 허공에 걸린 시체는 마리 아주머니였다. 마농은 몽롱한 표정으로 미친 듯이 소리를 지르며 이리저리 뛰었다.

얼마 후 마농의 비명 소리를 들은 마을 사람들이 달려와 미쳐 날뛰는 마농과 시체가 되어 허공에 매달려 있는 마리 아주머니를 발견했다. 사람들이 나무에서 마리 아주머니의 시체를 끌어내렸다.

"누구지? 누가 죽였을까? 마법사가 죽였을까?"

"짐승에게 물려 죽었으면 나무에 걸려 있진 않았을 텐데."

사람들은 마리 아주머니의 시체를 앞에 두고 이런저런 상상을 했다. 그때 누군가 마리 아주머니 시체를 뒤적이며 말했다.

"몸에 칼자국이 있어. 이 칼자국은 군인들의 칼에 찔린 상처야."

그러자 다시 누군가가 흥분해서 말했다.

"손가락에 있던 금반지가 없어졌어."

다시 누군가가 낮은 목소리로 말했다.

"목걸이도 없어. 그 물고기 목걸이 말이야."

"군인들이 바로 떠난 것은 이 때문이었어."

그 순간 마을 사람들은 서로의 눈을 마주 보았다. 그리고 이내 고개를 돌렸다. 마을 사람들은 서로의 눈길을 피하면서 마리 아주머니 시체를 마을로 옮겼다. 마을 사람들은 자기들이 군인들에게 속아 마리 아주머니를 죽게 만들었다는 사실을 깨달았지만 아무도 그 말을 입 밖에 내지 않았다. 군인들은 이미 금반지와 목걸이를 챙겨서 떠난 뒤였다.

사람들은 속죄라도 하듯 정성을 다해 장례를 치렀다. 마농은 마을 사람들이 자리를 뜬 뒤에 다시 무덤을 찾아갔다.

"아주머니 죄송해요. 내가 그 말을 하지 않았어도, 흑흑. 나 때문에 아주머니가 죽은 거예요."

한동안 엎드려서 말없이 눈물을 흘리던 마농은 자리에서 벌떡 일어나 그날 밤 숲에서처럼 춤을 추기 시작했다. 이내 숨이 차오르고 문득 현기증이 일었다. 마농은 무아지경 속에서 수없이 많은 시체들이 이리저리 널브러져 있는 것을 보았다. 아마 지옥이 있다면 그런 모습일 것이다. 그런데 기이하게도 그 시체들의 얼굴은 모두 마리 아주머니였다. 그 시체들 너머로 거세게 불타고 있는 세상을 보았다. 마농은 심한 현기증을 느끼며 그 자리에서 고꾸라지듯 쓰러졌다. 곧 어둠이 조금씩 마농의 몸을 덮기 시작했다.

마녀사냥의 새벽
주술·종교·과학의 차이와 공통점

마농이 살았던 때에는 아직 교회가 주도하는 '마녀사냥'이 일어나지 않았다. 그러나 먼 곳에서 마녀사냥을 알리는 새벽빛이 부옇게 밝아 오고 있었다. 당시 유럽 사람들은 교회를 다니긴 했지만 정작 깊이 믿고 의지했던 것은 숲의 정령들이었다. 특히 농촌 지역은 그런 경향이 강했다. 사람들은 어려운 일이 있으면 신성한 숲으로 들어가 정령에게 기도했다.

유럽 사람들이 주술이나 마법에 크게 의지한 데는 이유가 있었다. 당시의 삶은 너무나도 참혹했다. 전쟁과 질병이 만연해 늘 죽음이 주위를 떠돌았다. 말 그대로 죽음의 왕국이었다. 살아 있는 것이 비정상적이고 죽음이 정상처럼 느껴질 정도였다.

사람들의 피를 부른 전쟁은 백년전쟁이었다. 백년전쟁은 1337년에 시작되어 1453년까지 무려 116년 동안 계속되었다. 전쟁을 벌인 나라는 영국과 프랑스였고 전쟁터는 프랑스였다. 마농의 마을에 찾아왔던 병사들도 백년전쟁에 참가했다가 탈영한 프랑스 군인들이었다.

백년전쟁에서 거의 패망에 몰린 프랑스를 구한 것은 잔다르크(1412~1431)였다. 소작농의 딸이었던 잔다르크는 17세 때 신의 계시를 받았다며 혜성처럼 나타나 프랑스 군대를 이끌고 영국군을 격파했다. 그러나 잔다르크는 포로가 되어 영국에서 마녀 선고를 받고 화형당하고 말았다.

전쟁보다 더 많은 사람들을 죽음으로 몰아넣은 것은 14세기 중엽에 찾아온 흑사병(페스트)이었다. 페스트는 40도가 넘는 고열이 찾아오고 현기증과 구토에 시달리다가 죽음에 이르는 무서운 전염병이었다. 페스트로 유럽 인구의 3분의 1 이상이 희생되었다.

　백년전쟁과 페스트는 유럽을 공포와 절망의 도가니에 빠뜨렸다. 사람들은 지옥 같은 삶을 견뎌야 했다. 그런데 사람들이 보기에 교회의 신은 너무 멀리 있었다. 또한 참고 견디며 신에 대한 신앙을 지키면 구원을 받고 훗날 좋은 세상에서 살 수 있을 것이라는 믿음 또한 아직 깊이 뿌리를 내리지 못한 상태였다. 세상이 너무 참혹했기에 때를 기다리기보다 당장 복을 받고 원하는 것을 얻고 싶어 했다.

　주술엔 상식적으로 손에 넣을 수 없는 것을 바라는 마음이 숨겨져 있다. 예를 들면 미래에 일어날 일을 미리 알고 싶어 한다든지 가뭄이 심할 때 비를 내리게 한다든지 미워하는 사람에게 저주를 내리는 따위가 그런 것이다.

　상식적으로 얻을 수 없는 것을 원한다고 해서 주술을 미신으로 치부하기도 한다. 그러나 주술과 종교, 과학은 주변에서 일어나는 일들에 대한 대응이라는 점에서 유사하다. 세상에는 쉽게 이해되지 않는 일들이 많다. 그래서 예부터 사람들은 삶과 세계의 여러 가지 문제들을 고민하고 답을 찾으려 했다. 예를 들어 왜 태풍이 불어와 해를 입히고 사람들이 죽어야 하는 걸까? 이런 문제에 대해 무언가 답을 찾으려 한다는 점에서 주술과 종교, 과학은 서로 다르지 않다. 물론 각각의 대답은 달라진다. 주술과 종교를 믿는 사람들이 태풍을 인간의 잘못에 대한 신의 분노라고 생각한다면 과학은 열대성 저기압 때문이라 여기는 것이다.

　그러면 주술과 종교는 어떻게 다를까? 둘 다 초자연적인 존재, 즉 신이나 정령들을 통해 문제를 해결하려는 점에서는 같지만 주술은 신이나 정령을 '활용'해서 문제를 해결하려 하고 종교는 신을 '숭배'함으로써 문제를 해결하려고 한다는 점에서 다르다. 반면 과학은 자연적인 존재만을 대상으로 한다. 과학은 초자연적인 존재를 받아들이지 않는다.

두 번째 이야기

1486년 독일,
한스

비가 내리고 있었다. 차가운 빗물이 몸속으로 흘러들어 한기에 몸서리가 쳐졌다.

"에취!"

한스는 재채기를 하고 얼른 옆에 있는 크라머 신부를 조심스러운 눈초리로 바라보았다. 크라머는 무엇을 골똘하게 생각하는지 눈을 부릅뜬 채 앞을 바라보며 걷고 있었다. 눈으로 분노가 튀어나오는 듯했다. 그 모습을 바라보는 한스의 마음은 불안했다.

한스와 크라머는 차가운 비를 맞으며 인스브루크에서 스트라스부르로 가는 중이었다. 그다지 편안한 여행은 아니었다. 차갑게 내리는 비도 싫었지만 사실 이들은 거의 추방되다시피 인스브루크를 떠나왔다. 인스브루크의 주교가 크라머에게 편지를 보내 떠날 것을 요구해서였다.

한스는 추적추적 내리는 비를 한 번에 털어 내겠다는 듯이 고개를 세차게 흔들었다. 비는 쉬지 않고 내렸다. 한스는 처음 교회에 갔던 날도 비가 내렸다는 것을 기억해 냈다. 이제 열여덟 살인 한스는 도미니크 수도회 소속으로 미래의 사제를 꿈꾸는 견습 사제였다.

"복수하고 말 거야."

크라머의 입에서 낮은 신음 소리 같은 말이 새어 나왔다.

"네에?"

크라머는 한스의 물음에 답하지 않았다. 아마도 혼잣말을 한 모양이었다.

"나를 무시하다니! 두고 보라고."

얼마 후에 크라머는 다시 신음 소리 같은 말을 내뱉었다. 한스는 가만히 듣기만 했다. 한스는 한동안 한쪽 귀를 열고 기다렸지만 크라머는 더 이상 말을 내뱉지 않았다. 한스는 크라머의 마음을 이해할 수 있을 것 같았다.

크라머는 신의 뜻을 따르지 않는 사람들을 고발하고 심문하는 재판에 이단 심문관으로 참석했다가 변호사에게 패하는 바람에 마녀로 고발된 여자가 풀려났을 뿐만 아니라 오히려 자신이 쫓겨나다시피 인스브루크를 떠나야 했다.

한스는 마녀로 고발된 여자가 어떻게 무죄로 풀려났는지 도무지 이해할 수 없었다. 분노하는 크라머를 옆에서 지켜보며 한스는 머릿속에 지난 일들이 떠올랐다.

때는 1485년이었다. 크라머와 한스가 인스브루크로 간 것은

48명의 여자와 2명의 남자가 마법을 사용해서 사람을 죽였다는 혐의로 고발을 당했기 때문이다.

크라머는 1484년에 독일의 라벤스부르크에서 벌어진 재판에도 이단 심문관으로 참석한 적이 있었다. 우박을 내리게 해서 농작물을 망친 혐의로 8명의 여자가 기소되었다. 그때 크라머의 집요한 추궁에 2명의 여자가 스스로 마녀임을 실토하고 마법을 사용해 폭풍을 불렀다고 자백했다. 그 두 여자는 화형당했다.

"그때 말이야, 불이 타오르고 여자들의 비명 소리와 함께 연기가 하늘로 올라가는 장면은 꽤 볼 만했어. 여자들은 악마의 품에서 고통을 이겨 내려고 했지. 결국 재로 변해 악마의 품으로 돌아갔지만 말이야."

크라머는 인스브루크로 가는 길에 한스에게 라벤스부르크의 화형 장면을 들려주면서 여자들이 지닌 속성과 그들의 사악함을 자세하게 설명해 주었다.

"여자란 매우 감상적이지. 남자들처럼 이성적이지 않아. 그게 무슨 말인가 하면, 남자들은 생각을 해 보고 해서는 안 될 일을 하지 않지만, 여자들은 감정적이어서 해서는 안 되는 일을 서슴지 않고 저지른다는 뜻이야. 아니, 하지 말라는 일은 더 하려고 기를 쓰지. 이해하기 힘든 존재들이야."

크라머의 말이라면 한스는 성경처럼 믿었다. 그는 연신 고개를 끄덕이며 크라머의 말을 들었다.

"너는 어려서 잘 모르겠지만 특히 성욕이 강한 여자들이 문제야. 그런 여자들은 결국 인간 남자로 만족하지 못하고 사탄과 관계를 맺지. 몹쓸 것들! 그리고 사탄이 시키는 대로 인간들을 해치는 거지. 사탄의 즐거움은 더욱 많은 인간들이 다치고 죽는 거야. 사탄의 명령을 받아 사람을 해치는 것은 여자들이고. 너도 앞으로 여자를 조심해야 한다."

한스가 궁금해서 물었다.

"나를 낳아 준 어머니나 예수님을 낳은 마리아님도 사악한가요?"

크라머는 잠깐 한스를 뚫어지게 보더니 입을 열었다.

"성모 마리아님은 성스러운 분이지. 너도 알다시피 성모 마리아님은 남자 없이 동정녀의 몸으로 예수님을 낳으셨지. 그게 다른 거야. 모든 여자들은 사탄과 관계를 가질 수 있지. 너의 어머니도 그렇고."

한스는 깜짝 놀랐지만 내색하지 않고 굳은 표정으로 고개를 끄덕였다. 순간 어머니의 얼굴이 떠올랐다. 늘 자식을 위해 애쓰던 따스한 어머니도 마녀가 될 수 있다는 생각에 가슴이 철렁 내려앉는 듯했다. 그러나 크라머의 말을 의심하지는 않았다.

한스 일행이 인스브루크에 도착한 다음 날 재판이 시작되었다. 크라머는 자신만만한 표정으로 첫 번째 피고를 심문하기 시작했다. 크라머는 단도직입적으로 물었다.

"당신들은 사악한 마법을 사용했죠?"

여자는 질색하는 표정으로 손을 저으며 대답했다.

"저는 마법을 사용한 적이 없어요."

크라머는 빙긋 웃으며 말했다. 얼굴은 웃고 있지만 눈빛은 뱀의 그것처럼 차가웠다.

"다들 처음에는 그렇게 말하죠."

크라머는 재판소 방청석에 앉아 있는 한스를 힐끔 쳐다보고 말을 계속했다.

"누군가를 미워한 적이 있습니까?"

여자는 망설였다. 크라머는 여자의 입을 지그시 바라보았다. 얼마 후 여자가 고개를 끄덕였다.

"죽이도록 미웠나요?"

"그렇지는 않아요. 그 여자가 남편에게 꼬리 치는 모습을 보고 잠깐 화가 났을 뿐이에요."

한스는 그 순간 크라머의 눈동자가 빛나는 것을 보았다.

"아마 죽도록 미웠겠죠? 그날 밤 잠은 잘 잤습니까?"

그때 변호사가 큰 소리로 말했다.

"지금 심문관은 마법과는 아무 관계 없는 질문을 하고 있습니다."

재판장이 고개를 끄덕이고는 크라머를 향해 말했다.

"불필요한 질문은 삼가시오."

"재판장님, 그렇지 않습니다. 이건 매우 중요한 질문입니다. 다시 피고에게 묻겠습니다. 남편과 사이가 좋습니까? 남편이 자주 당신의 침대를 찾습니까?"

여자는 고개를 숙이고 아무 말도 하지 않았다. 크라머가 재촉하듯 다시 물었다.

"남편이 당신을 사랑해 줍니까?"

변호사는 어이가 없다는 표정으로 크라머와 재판장을 번갈아 보았다. 재판장이 손을 들어 변호사를 만류했다.

여자는 머뭇거렸다. 재판장에 있는 사람들 눈이 모두 여자에게 쏠렸다. 여자는 당황한 표정으로 주위를 둘러보며 조그마한 소리로 말했다.

"별로 사랑해 주지 않아요."

"그렇다면 남편에게 불만이 많겠군요? 그리고 남편이 다른 여자를 바라보면 화가 나고요."

여자는 대답 대신 가볍게 고개를 끄덕였다.

"그래서 남편의 사랑을 받기 위해 마법을 썼군요? 약초로 약을 만들거나 동물 뼈를 침대에 넣어 두거나 하지 않았나요?"

"그런 일은 하지 않았어요. 다만…… 그건 말할 수 없어요."

크라머의 눈빛이 다시 빛났다. 크라머는 여자에게 가까이 다가가더니 단호한 목소리로 말했다.

"이 자리는 신과 함께하는 자리예요. 나는 그 신의 대리인이죠. 부인의 잘못은 신이 용서해 주실 거예요."

여자는 재판장과 변호사를 바라보았다. 변호사가 자리에서 일어나 비아냥거리듯 말했다.

"이 자리는 고해성사를 하는 곳이 아닙니다. 저기 피고는 마법을 사용했다는 혐의로 고발된 것이지 남편 사랑을 받지 못해 고발된 것이 아닙니다."

재판장도 인정한다는 듯이 손을 들었다. 크라머의 얼굴이 살짝 붉어졌다. 크라머가 모욕을 느낄 때 짓는 표정이었다. 한스는 자기도 모르게 주먹을 꽉 쥐었다. 크라머는 마음을 가라앉히려는 듯이 잠깐 한숨을 내쉬고 다시 여자를 향했다. 그리고 무엇인가를 결심한 듯 결연한 표정으로 여자를 향해 말을 쏟아 냈다.

"부인은 남편의 사랑을 받지 못했다고 말했습니다. 아마도 남편의 사랑을 받고 싶었겠지요. 그런 만큼 남편이 다른 여자를 쳐다보는 것은 죽도록 미웠겠지요. 아마도 마음속으로는 죽이고 싶었을 거예요. 저주를 퍼붓고 싶었을지도 모르죠. 그래서 부인은 자기도 모르게 마음 깊은 곳에 사탄을 받아들이게 되었을 겁니다. 사탄은 늘 그런 사람을 기다리고 있거든요. 사탄은 부인의 마음을 달래 주고 부인의 욕망을 채워 주었겠지요. 사탄은 부드러운 말로 부인을 꾀었을 겁니다. 아마 부인은 그것이 사탄인지도 몰랐을 거예요. 어쩌면 꿈에 멋진 남자로 변신해서 나타났을지도 모르지요."

크라머는 잠깐 말을 멈추고 여자를 바라보았다. 여자는 당혹스러운 표정으로 어쩔 줄 몰라 했다. 크라머의 입가에 미소가 떠올랐다.

"사탄은, 아니 사탄의 꾀임에 넘어간 부인은 남편에게 꼬리를 친 여자에게 저주의 마법을 걸었고, 그래서 그 여자가 죽은 거예요. 그렇지 않나요? 그 여자가 죽었으면 좋겠다고 생각했죠?"

"그 여자가 죽으면 좋겠다고 생각한 적은 있지만 내가 죽이지 않았어요. 아니에요, 그렇지 않아요. 내가 그런 게 아니에요!"

여자는 소리를 쳤다.

"잘 알고 있습니다. 부인은 그 여자를 죽이지 않았습니다. 사탄이 부인의 마음속으로 들어와 저주의 마법을 걸었고, 그래서 죽은 거예요. 부인 잘못이 아니에요. 마음속의 사탄이 나쁜 거지요."

여자는 잘 모르겠다는 듯이 두 손으로 머리를 감쌌다.

"잘 생각해 보세요. 불쑥 죽이고 싶거나 저주를 걸고 싶다는 생각이 든 적 있지요? 그건 부인 잘못이 아니라 사탄이 부인의 마음에 깃들었기 때문에 그런 거예요. 부인의 마음에 사탄이 깃들게 된 것은 남편이 부인을 사랑하지 않고 다른 여자에게 눈길을 주었기 때문이지요. 부인은 아무런 잘못이 없어요. 그러니 마법을 사용했다는 걸 시인하세요."

한스는 크라머의 말에 계속 고개를 끄덕였다. 한스는 까닭 모를 긴장감을 느꼈다.

'이제 여자가 마법을 걸었다는 것을 시인하면 저 여자는 화형에 처해질 거야. 악마가 깃든 몸은 태워야 하니까!'

크라머는 만족스러운 표정으로 부인을 바라보았다.

"나는 마법을 건 적이 없어요."

크라머의 표정이 실망감으로 바뀌었다.

"쯧쯧, 실망스럽군요. 재판장님, 이 여자를 고문할 수 있게 해 주십시오."

재판장이 무표정하게 물었다.

"꼭 고문이 필요합니까?"

크라머는 고개를 크게 끄덕이며 말했다.

"사탄은 매우 교활합니다. 고문을 해서 고통을 주지 않으면 입을 열지 않습니다."

그때 변호사가 자리에서 일어났다.

"재판장님, 저는 고문을 반대합니다. 고문을 해서 고통을 주면 그 고통에서 벗어나기 위해 거짓으로 고백할 가능성이 높습니다. 증거 없이 고문을 통한 자백만으로 범죄자를 만들어서는 안 됩니다."

크라머가 비웃는 듯한 표정으로 말했다.

"변호사님은 사탄의 교활함을 잘 모르는 모양이군요. 그래서야 이단 심문을 제대로 할 수 없습니다. 이단 심문은 사악한 사탄이 깃든 사람들을 찾아내는 거예요. 증거를 찾겠다고요? 이미 증거가 있지 않습니까? 사탄이 웅크리고 있는 저 여자 자체가 증거예요. 하지만 저들은 쉽게 자백을 하지 않습니다. 사탄이 사악한 용기를 주고 재판을 방해하는 방법을 알려 주거든요. 고문 말고는 달리 방법이 없습니다. 재판장님, 고문할 수 있도록 허락해 주십시오."

재판장은 크라머와 변호사를 번갈아 보았다. 변호사가 크라머를 바라보며 냉소를 짓고는 다시 입을 열었다.

"크라머 신부님의 명성은 익히 들어 잘 알고 있습니다. 다만 그 명성이 과학적인 방법이나 증거가 아닌 고문을 통해 얻은 게 아닌가 의심이 되는군요. 재판장님, 혹독한 고문을 당하면 누구든 거짓 자백을 하게 됩니다. 잔인한 공포 앞에서는 누구든 백기를 들게 마련입니다. 아마 저라도 고문을 이기지 못해 잘 알지도 못하는 사탄에 대해 자백을 할 겁니다. 따라서 증거 없이 고문을 통해서 자백받는 것은 무효입니다."

한스는 변호사의 말을 들으며 주먹을 꽉 쥐고 크라머를 보았다. 크라머 또한 화를 참고 있는 표정이었다. 한스는 재판장이 크라머의 요청에 따라 고문을 허락할 것이라고 생각했다.

'증거 따위가 왜 필요하지? 이미 저 여자는 사탄에 사로잡혀 있는데.'

한스는 속으로 중얼거렸다. 그러나 재판장은 한스의 기대와 달리 변호사의 손을 들어주었다.

"남편이 다른 여자에게 눈길을 주거나 만나는 걸 좋아할 아내는 아무도 없을 겁니다. 그렇다고 모두가 저주의 주술을 쓰거나 살인을 하진 않습니다. 부인의 억울함을 무리하게 해석해서 사탄과 관계를 맺었다고 보는 것은 억지입니다. 또한 부인이 주술을 사용했다는 증거도 없습니다. 따라서 이 법정은 부인의 무죄를 인정합니다."

크라머와 한스는 초라한 모습으로 법정을 떠나야 했다. 그리고 주교에게서 인스브루크를 떠나라는 명령을 받았다.

스트라스부르에 도착할 무렵, 크라머는 이를 악다물고 씹어뱉듯이 말했다.

"나를 쫓아내다니, 이 치욕은 반드시 갚아 줄 거야."

한스는 크라머의 말을 들으며 하늘을 바라보았다. 차가운 빗줄기가 이마 위로 떨어졌다.

스트라스부르에 있는 도미니크 수도원에 도착한 다음 날부터 크라머는 방에 틀어박혀 나오지 않았다. 그러나 크라머의 눈빛은 더욱 예리하게 번뜩였다. 가까이 다가가기가 무서울 정도였다. 한스는 크라머가 시키는 일만 했다. 크라머는 마녀에 대한 책을 쓰고 있다고 했다. 그렇게 겨울이 지나갔다.

가끔 한스가 찾아가면 크라머는 책상에 앉아 혼잣말을 끊임없이 중얼거리며, 종이에 뭔가를 끄적거리고 있었다. 퀭한 눈에는 핏발이 서 있었다. 한쪽에는 크라머가 쓴 원고 뭉치가 쌓여갔다. 찬바람이 스며들어 몸서리가 쳐졌지만 크라머는 아랑곳하지 않았다. 시간이 바람처럼 빠르게 지났고 새로운 겨울이 다시 찾아왔다.

그날 한스는 크라머의 부름을 받고 황급히 방으로 달려갔다. 크라머의 표정은 평소와 달랐다. 얼굴에 웃음이 가득했고 눈은 환하게 빛났다. 한스는 크라머가 책을 다 썼다는 것을 직감했다.

"다 쓰셨어요?"

크라머는 말없이 고개를 끄덕였지만 얼굴에는 여전히 웃음기가 남아 있었다. 한스는 그래도 크라머의 눈치를 살피며 조심스럽게 물었다.

"무슨 내용이에요?"

크라머는 창밖으로 눈길을 돌리며 입을 열었다.

"당연히 마녀들에 관한 것이지. 마녀가 얼마나 사악한지 너도 봤잖아? 변호사와 재판장을 속이고 잘도 빠져나갔지."

크라머는 인스브루크에서의 재판이 떠오르는 듯 잠시 말을 멈추더니 원고 뭉치를 가리키며 말을 이었다.

"그래서 마녀를 어떻게 구별해야 하는지, 왜 그들을 불태워 죽여야 하는지 상세하게 썼지. 이제 다들 나를 인정해 줄 거야."

한스는 말없이 고개만 끄덕였다. 두 사람은 잠시 창밖을 바라보았다.

"그런데 제목은 정하셨어요?"

"말레우스 말레피카룸!"

"예에?"

"말레우스 말레피카룸. 라틴어인데 '마녀의 망치'라는 뜻이야. 악마와 마녀들은 망치로 내리쳐서 모두 때려잡아야 하니까."

크라머는 제목이 마음에 드는지 소리 내어 웃었다. 한스는 순간 거대한 망치를 든 크라머를 머릿속에 떠올렸다가 얼른 지웠다. 인스브루크의 재판에서 보았던 여자가 망치를 맞고 피 흘리는 모습이 뒤이어 떠올랐던 것이다. 한스는 몸을 부르르 떨었다.

한스는 평소에 궁금했던 것을 물어보기로 했다. 한스는 손을 비비면서 조그맣게 말했다.

"마녀가 정말 있는 거죠?"

크라머는 눈을 동그랗게 뜨고 한스를 보았다. 그러고는 한스를 물끄러미 쳐다보다가 입을 열었다.

"좋은 질문이야. 이 책에서도 그 부분에 대해 상세하게 다루었지. 아직도 마녀의 존재를 믿지 못하는 사람들이 있어서 말이야. 마녀는 분명히 있어. 결코 의심해서는 안 돼. 사악한 마녀들!"

크라머는 말을 마치고 갑자기 심각한 표정을 지었다. 왼손으로 턱을 만지며 무엇인가 곰곰이 생각하는 표정이었다. 그러더니 얼마 후 중얼거리듯이 말했다.

"으음, 어떻게 하지?"

한스는 말없이 크라머를 바라보았다. 크라머는 다시 침묵에 빠졌다. 그러다가 갑자기 몸을 돌려 뜬금없이 한스에게 물었다.

"네가 아는 사람 가운데 가장 존경받는 사람이 누구지? 아니, 가장 유명한 사람이 누구지?"

"어, 그러니까, 야콥 슈프렝거 신부님이 유명하지요. 도미니크 수도회의 지도자이시니까요. 그런데 왜 그러세요?"

크라머는 다시 미소를 지었다.

"아무래도 유명한 사람을 끌어들여야 할 것 같아. 인스브루크의 주교나 재판관처럼 마녀의 존재를 믿지 못하는 믿음이 약한 사람들이 있을 테니, 그들을 설득하기 위해서는 유명한 사람이 필요하겠어. 하지만 그것만으로는 부족해. 좋은 방법이 없을까?"

크라머는 의자에 앉아서 다시 생각에 빠져들었다. 창밖에는 눈이 내리기 시작했다. 바람이 거센지 눈발이 사방으로 날렸다. 눈이 쌓일 정도로 시간이 흘렀다. 그동안 크라머는 꼼짝도 하지 않았다.

한스는 조용히 방 밖으로 나가려고 몸을 움직였다. 그때 크라머가 의자에서 벌떡 일어났다.

"숨미스 데지데란테스! 바로 그거야."

한스는 화들짝 놀랐다.

"예에? 3년 전에 교황 각하께서 내린 마녀에 대한 칙령 말인가요?"

크라머는 만면에 웃음을 띠면서 주먹을 불끈 쥐었다.

"저렇게 눈이 많이 내리는 걸 보면 내년에는 풍년이 들겠어, 허허."

한스는 영문을 몰라 창밖과 크라머를 번갈아 보았다.

"한스야, 가서 '숨미스 데지데란테스'를 찾아 가져오너라."

한스는 얼른 방을 나섰다. 등 뒤에서 크라머의 웃는 소리가 들려왔다.

숨미스 데지데란테스는 "위대한 희망을 갖고"라는 말로 시작되는데, 마녀에 대한 경고와 마녀사냥을 허가한다는 내용이 담겨 있는 교황의 칙령이었다.

한스는 크라머가 교황의 칙령을 가지고 무얼 하려는지 몰랐지만 시키는 대로 문서실로 달려갔다. 한스가 그 까닭을 알게 된 것은 『마녀의 망치』가 출간된 이후였다.

한스는 『마녀의 망치』라는 제목의 책을 책상에 올려놓았다. 한스는 한동안 책을 바라보았다. 한스의 입에서 쓴웃음이 묻어나왔다. 한스는 눈을 들어 바깥을 바라보았다. 언젠가의 그날처럼 바깥에는 굵은 눈이 내리고 있었다. 한스의 머리카락도 눈이 내린 것처럼 백발이었다. 그때 문이 벌컥 열리면서 찬바람과 함께 여자 둘이 집으로 들어왔다.

"아빠!"

여자아이가 달려오자 한스는 두 팔을 벌렸다.

"또 그 책을 보고 있었어요?"

뒤따라온 여자가 한스에게 핀잔하듯 말했다. 한스는 아이를 품에 안고 따스한 미소를 지으며 말했다.

"눈이 저렇게 소담스럽게 내리는 걸 보니 내년에는 풍년이 들겠어."

"오늘은 이야기를 해 주세요. 왜 그렇게 그 무서운 책을 자꾸 보시는지 말이에요."

딸이 말했다.

"무서운 책이라고?"

"엄마가 무서운 책이라고 했단 말이에요."

한스는 잠시 아내와 눈이 마주쳤다. 그리고 고개를 끄덕였다. 한스는 쓸쓸함과 분노가 섞인 목소리로 말했다.

"그래, 아주 무서운 책이지. 소름 끼칠 정도로 무시무시한 책이야."

한스의 아내도 옆에 앉았다. 한스는 아내와 딸을 번갈아 보았다. 그리고 아내의 목에 걸려 있는 목걸이에 눈길을 멈추었다. 서로 마주하고 있는 두 마리의 물고기가 새겨진 목걸이였다. 어머니가 남긴 목걸이를 아내에게 결혼 선물로 준 것이다. 한스는 순간 목걸이 너머로 어머니의 얼굴을 보았다고 생각했다. 그리고 오랜 짐을 벗어던진 사람처럼 평온한 표정을 지었다.

"이 책엔 말이야, 내 삶이 들어 있거든."

한스는 오래전에 사제가 되기를 포기했다. 그리고 고향으로 돌아와 한 아름다운 여자를 만나 결혼했고 딸을 얻었다. 한스가 신부가 되기를 포기한 것은 『마녀의 망치』 때문이었다. 그러나 자세한 사연에 대해서는 지금껏 누구에게도 말하지 않았다.

한스의 아내는 현명한 여자였다. 가끔 한스가 책을 꺼내 들쳐 본다는 것을 알았지만 남편의 과거에 대해서 한 번도 묻지도, 추궁하지도 않았다.

한스의 아내는 따뜻한 손으로 한스의 손을 잡았다. 한스는 한없이 편안해지는 것을 느꼈다.

"나는 어릴 때 사제가 되려고 했었어. 그래서 도미니크 수도회에 들어갔지."

딸의 눈이 동그랗게 커졌다. 한스의 아내도 적잖이 놀란 표정이었다.

"신부님이 되려고 했단 말이에요?"

한스는 가볍게 웃으며 말했다.

"그래, 만약 내가 신부로 계속 살았다면 네 엄마와 결혼하지 않았을 것이고 너도 태어나지 않았을 거야. 지금이야 농사를 짓지만 한때는 신부가 되려고 했었지."

한스는 과거를 회상하듯 눈을 지그시 감았다. 많은 일들이 눈앞을 지나갔다. 크라머의 얼굴과 불타는 여자들이 내지르는 비명 소리도 지나갔다. 자신도 모르게 입에서 신음 소리가 흘러나왔다. 그 순간 아내와 딸의 따뜻한 손이 느껴졌다. 한스는 깊게 한숨을 내쉬었다.

"아무 말 하지 말아요."

한스가 눈을 뜨고 아내를 보자 아내가 고개를 저으며 말했다. 한스의 딸이 궁금하다는 표정으로 아빠 엄마를 번갈아 보았다.

"아빠 방해하지 말고 우리는 저쪽으로 가서 뜨개질을 하자. 엄마가 재미있는 이야기 해 줄게."

한스는 아내와 딸이 방 안으로 들어간 뒤에도 한동안 그들의 뒷모습을 바라보았다.

한스는 『마녀의 망치』를 펼쳤다. 책의 첫 부분에 악마가 마녀에게 힘을 주었다는 것과 사탄이 여자에게 초인적인 힘을 주었다는 내용이 실려 있었다. 눈살이 찌푸려졌다. 한스는 페이지를 넘겼다. 27페이지였다.

최후의 심판일 전에 그들 모두가 지옥에 던져질 것이다.

한스는 다시 페이지를 넘겼다. 45페이지였다.

사탄이 인간을 어떻게 매수하는지 묻는다면 인간이 스스로 그들을 돕는다고 답할 수 있다. 그 대상은 주로 육체의 쾌락을 밝히는 여성들이다. 그들은 쾌락 자체에 만족하지 못하고 악마와 함께 날뛴다.

한스는 부르르 떨었다. 이 구절 때문에 얼마나 많은 여자들이 죽어 가야 했던가. 한스는 눈을 감고 또 한 번 깊은 한숨을 내쉬었다.

한스가 크라머의 곁을 떠나게 된 것은 『마녀의 망치』가 거짓임을 알게 되었기 때문이다. 크라머를 깊이 존경했던 것만큼 배신감도 컸다.

1487년 봄, 한스는 갓 출판된 『마녀의 망치』 표지를 보고 의아한 생각이 들었다. 글을 쓴 저자는 두 명이었다. 하나는 도미니크 수도회의 지도자였던 슈프렝거였고 다른 하나는 바로 크라머였다. 한스가 알기로 슈프렝거는 한 글자도 쓰지 않았다.

'그래서 그때 가장 유명한 사람이 누구냐고 물었던 거구나. 사람들의 믿음을 얻기 위해서라면 그럴 수도 있겠지.'

거기까지만 해도 한스는 별다른 문제의식을 갖지 않았다. 한스는 표지를 넘겼다. 교황이 마녀사냥을 허가한다는 칙령인 '숨미스 데지데란테스'가 실려 있었다.

'아니, 이게 왜 여기에 있지?'

'숨미스 데지데란테스'는 『마녀의 망치』가 나오기 3년 전에 발표된 것이었다. 그런데 흡사 『마녀의 망치』를 교황이 허가한다는 듯이 첫머리를 장식하고 있었던 것이다. 한스는 그제야 크라머가 '숨미스 데지데란테스'를 가져오라고 했던 까닭을 알 것 같았다.

『마녀의 망치』와 '숨미스 데지데란테스'는 아무런 관계가 없지만 크라머는 그것을 교묘하게 책의 첫 장에 삽입해서 교황의 권위를 활용한 것이었다. 한스는 피식하고 웃었다.

그러나 다음 페이지를 펼쳤을 때 하마터면 책을 바닥에 떨어뜨릴 뻔했다. 거기에는 쾰른 대학 신학 교수들 모두가 『마녀의 망치』를 지지한다는 서명과 추천사가 실려 있었다. 한스는 뭔가 잘못되었다고 생각했다. 왜냐하면 크라머가 쾰른 대학에 다녀온 뒤 신학 교수들에게 화내는 것을 보았기 때문이다.

"감히 내 책을 무시해? 위험한 책이라고? 자기들은 마녀들이 활개를 치며 돌아다니는 세상에서 아무것도 하지 않으면서 추천사도 못 써 주겠다고?"

한스는 몇 명은 서명도 하지 않았고, 책을 읽고 서명한 사람도 『마녀의 망치』는 위험한 책이니 대중에게는 읽히지 말아야 한다고 했다며 크라머가 화를 내는 것도 들었다. 그런데 책에는 버젓이 여덟 명의 신학 교수 모두가 서명한 것으로 나와 있었다.

한스는 머릿속이 혼란스러웠다. 한 글자도 쓰지 않은 저자 슈프렝거, 추천하는 글로 나와 있는 '숨미스 데지데란테스', 서명하지 않은 쾰른 대학 교수들의 사인이 책의 첫머리를 장식하고 있는 『마녀의 망치』를 어떻게 받아들여야 할지 알 수 없었다.

며칠 후 한스는 용기를 내어 머릿속에서 맴돌고 있는 의문에 대해 크라머에게 물었다. 크라머는 한스를 노려보듯 날카롭게 바라보고는 대수롭지 않다는 말투로 말했다.

"물론 슈프렝거 신부님은 한 글자도 쓰지 않으셨지. '숨미스 데지데란테스'도 3년 전의 것이야. 쾰른 대학 교수들? 그들이야 아무것도 모르는 무식한 놈들이지."

크라머는 숨을 고르듯이 잠깐 말을 끊었다가 계속 이었다.

"한스야, 중요한 것은 그게 아니야. 세상에서 마녀를 없애는 게 중요한 거야. 사악한 마녀들을 모두 불태우는 것이 신이 우리에게 주신 사명이지. 마녀만 없앨 수 있다면 난 뭐든지 할 수 있어."

한스는 흠칫 놀랐다. 크라머의 붉게 충혈된 눈이 하늘의 신을 바라보듯 천장을 향해 있었다. 한스는 조금 뜸을 들였다가 입을 열었다.

"세상의 모든 여자가 마녀라면 남자는 어떻게 해야 하죠?"

"세상의 모든 여자가 마녀라는 게 아니라 마녀가 될 수 있다는 거지. 마녀가 많아져서 오늘날 세상이 혼란스러운 거야. 마녀를 모두 없애야 해. 모조리 죽여야 해. 그날이 오면 내가 얼마나 위대한 책을 썼는지 사람들이 기억할 거야. 이 크라머의 이름을 말이야. 나를 쫓아낸 인스브루크의 주교도 후회하겠지."

크라머는 주먹을 꽉 쥐었다. 한스의 가슴속으로 한 가지 의문이 스쳐 지나갔다.

'혹시 책을 쓴 이유가 인스브루크에서 자신을 쫓아낸 주교에게 복수하기 위해서였나? 자기가 옳다는 것을 증명하기 위해 책을 쓰고, 슈프렝거 신부를 끌어들이고, 교황의 칙서를 멋대로 책에 실은 것일까? 어쩌면 쾰른 대학 교수들의 생각이 옳을지도

몰라. 위험한 책!'

그 이후에도 한스는 한동안 크라머의 주변에 머물렀다. 그리고 견습 사제의 딱지를 떼고 신부 서품을 받을 무렵 신부가 되는 것을 포기하고 교회를 떠났다.

처음 『마녀의 망치』는 150부가 제작되었다. 그러나 곧 사람들이 앞다투어 읽기 시작하면서 계속 인쇄되고 결국 전국적으로 퍼져 나갔다. 곧 메마른 들판에 붙은 들불처럼 독일을 넘어 스위스, 프랑스, 북유럽까지 날개 돋친 듯 팔려 나갔다.

유럽 곳곳에서 "마녀임을 자백하지 않으면 2, 3일간 고문하며 심문한다."는 구절에 따라 무자비한 고문이 행해졌고, 불과 몇 달 만에 고문을 이기지 못한 60여 명의 여자들이 스스로 마녀임을 고백하고 화형을 당했다.

한스는 그 과정을 낱낱이 지켜보았고 점점 미쳐 가는 크라머를 냉정한 시선으로 바라보았다. 크라머는 의기양양했고 '악마와 함께 날뛰는' 마녀들을 불태우기 위해 여기저기 뛰어다녔다. 한스는 몸에 불이 붙은 여자들이 내뱉는 단말마의 비명과 불에 타는 역겨운 냄새 때문에 늘 악몽을 꾸었다.

한스가 서품을 포기하고 교회를 떠난 것은 그 견딜 수 없는 악몽 때문이었다. 한스가 더 이상 악몽에 시달리지 않게 된 것은 아내를 만난 후였다.

한스는 그날 밤 꿈을 꾸었다.

멀리서 무엇인가 타는 매캐한 냄새가 날아왔다. 한스는 냄새가 나는 곳으로 걸어갔다. 가까이 다가갈수록 매캐하고 비릿한 냄새가 짙어졌다.

한 무리의 사람들이 모여 있었다. 사람들은 길 줄을 서서 무엇인가를 기다리고 있는 듯했다. 한스는 구토가 나고 현기증까지 일으킬 듯한 냄새를 참으며 사람들이 무엇을 기다리는지 궁금해 앞으로 나아갔다. 사람들 앞에 놓여 있는 것을 본 순간 견딜 수 없는 욕지기가 올라왔다.

큰 구덩이에서 불길이 활활 타오르고 있었다. 사람들은 하나씩 등에 떠밀려 구덩이 안으로 떨어졌다. 그들은 이내 강렬한 화염에 휩싸여 신음 소리도 내지 못하고 붉게 변한 팔만 한두 번 휘두르다가 사라져 갔고, 그와 동시에 뒤에 서 있던 사람이 구덩이로 떨어졌다.

구덩이는 거대한 괴물의 아가리처럼 보였다. 세상의 모든 사람을 삼키겠다는 듯이 입을 쩍 벌리고 줄지어 떨어지는 사람들을 넙죽 삼키고 있는 듯이 보였다. 한스는 구토를 하기 시작했다. 몸속의 내장까지 모두 나올 정도로 심한 구역질이었다.

"으악!"

꿈에서 깬 한스의 몸은 땀으로 가득했고 반쯤 정신이 나간 상태였다. 몸을 움직일 수가 없었다. 심하게 얻어맞은 사람처럼 손끝 하나 까딱할 수가 없었다. 한스는 잠깐 천장을 쳐다보며 누워 있었다. 그때 손가락 끝부터 따스함이 밀려왔다. 손가락에서 팔로, 어깨로 따스함이 전해졌다. 한스는 겨우 옆으로 몸을 움직였다. 그곳에서 아내의 근심 어린 눈동자와 마주쳤다. 한스는 긴 한숨을 내쉬었다. 한스는 손을 뻗어 아내의 어깨를 감싸 쥐었다.

이것이 사랑이고 구원인가…….

이런 말들이 머릿속을 스치고 지나갔지만 한스는 아무 말도 하지 않고 아내의 손을 잡았다. 그 순간 한스는 두 마리의 거대한 물고기가 허공 위로 천천히 헤엄쳐 가는 걸 보았다.

마녀사냥의 교과서
『마녀의 망치』

　마녀사냥이 본격적으로 일어나게 된 신호탄은 『마녀의 망치』라는 책의 출간이었다. 마녀는 실제로 존재하고 화형에 처해야 한다는 내용을 골자로 하는 이 책은 마녀사냥을 뒷받침하는 논리와 이념뿐 아니라 마녀를 가려내는 법과 심문하는 방법, 사법적 절차까지 자세하게 담고 있다.

　이 책이 세상에 선보이게 된 것은 교황청의 은밀한 지원이 있었기 때문이었다. 1484년 당시 교황이었던 인노켄티우스 8세는 "위대한 희망을 갖고"라는 말로 시작되는 교서를 발표했다. 이 교서는 주로 독일의 상황을 거론하며 주술을 억압하고 주술로 인한 끔찍한 범죄를 막으라는 내용이었다. 인노켄티우스 8세의 교서가 직접적인 계기가 되어 쓰인 책이 바로 『마녀의 망치』였다.

　이 책의 저자인 하인리히 크라머는 독일의 이단 심문관이었다. 그는 임무를 수행하는 과정에서 심한 반발과 저항에 부딪혔는데 교황의 교서가 발표되자 이에 힘입어 마녀 심판을 공식화할 수 있는 책을 쓴 것이었다(물론 책은 야콥 슈프렝거와 크라머가 같이 쓴 걸로 되어 있다. 크라머는 책의 신뢰를 높이기 위해 명성이 높았던 슈프렝거를 공동 저자로 끌어들였다).

　크라머는 쾰른 대학의 신학 교수들에게 출판의 허가를 요청했다. 신학 교수들은 이 책이 위험하다는 것을 알고 고민했지만 신성한 경전을 거스르지 않는 범위 내에서 주술 행위나 범죄를 처벌할 수 있음을 승인했다고 한다. 한편 이에 반해 신학 교수들이 『마녀의 망치』를 인정하지 않았다는 주장도 있다. 쾰른 대학 교수들이 『마녀의 망치』가 편견으로 가득 차 있다고 결론 내렸지만 크라머가 독단적으로 출판했다는 주장이다. 아무튼 『마녀의 망치』는 출판되었다. 『마녀의 망치』는 출간되자마자 교황을 비롯해서 황제의 지지를 받았다.

『마녀의 망치』는 마녀사냥에 대한 여러 책들 가운데 가장 유명하고 악명 높은 책이었다. 제목에 망치라는 말이 들어간 것은 주술을 망치로 내리쳐 부수겠다는 의지의 발로였다. 마녀사냥의 불길이 가장 거세게 타오른 시기는 1480~1520년과 1580~1670년이었다. 1487년에 출간된 『마녀의 망치』는 마녀사냥 초기에 그 기준과 방향을 정하는 데 기여했고 그 이후 수백 년에 걸쳐 강한 영향을 미쳤다. 『마녀의 망치』는 마녀사냥의 지침서로 널리 활용되었다.

마녀사냥이 가장 혐오스럽고 악독한 범죄가 된 것은 『마녀의 망치』가 제시한 기준 때문이었다. 그에 따르면 마녀로 지목되는 것은 소문 하나만 있으면 충분했다. 그다음엔 죽음이 은총이라고 여길 만큼 혹독한 고문을 해서 자백을 받아내면 그걸로 끝이었다.

마녀재판을 담당한 사법관은 어떤 사람이 석연치 않게 죽거나 질병과 사고가 생기면 곧바로 조사에 착수해서 누군가를 마녀나 마법사로 지목했다. 이들은 증거로 채택할 수 없는 미성년자나 아이들의 증언도 개의치 않고 채택했다. 올가미에 걸린 동물이 그렇듯이 마녀나 마법사로 한번 걸려들면 빠져나갈 수 없었다. 사법관들의 목적은 어떤 방법을 써서라도 유죄를 입증하는 것이었다. 심지어는 추측과 말도 안 되는 방법으로 마녀를 찾아냈다. 추측의 근거는 『마녀의 망치』였고, 그 뒤에는 제멋대로 끌어들인 신의 이름이 있었다. 신의 이름으로 불가능한 것은 없었다.

마녀를 찾아내는 가장 확실한 방법은 발에 무거운 돌을 달고 물이나 늪에 빠뜨리는 것이었다. 혹시라도 물 위에 떠오르면 악마의 힘이 작용했다고 믿었고 물에 빠져 죽으면 무죄라고 생각했다. 물론 그 억울한 죽음에 대해서는 아무도 책임지지 않았다. 한창 마녀사냥의 열풍이 불 때는 마녀재판에 회부된 것만으로도 유죄가 인정되었고, 마녀로 지목된 사람이 아무리 결백을 주장해도 온갖 고문과 억지를 써서 화형장으로 보냈다. 거의 매일 사람을 태우는 연기가 하늘을 향해 피어올랐다.

가장 많이 활용된 고문 방법은 묶어서 허공으로 끌어올린 다음 매질하기, 감방에서 잘 보이는 곳에서 고문하여 다른 죄수들에게 심리적인 공포 전달하기, 9리터에 이르는 물을 마시게 하고 모자라면 다시 그만큼의 물을 마시게 하기, 바늘로 손톱 밑 찌르기, 밧줄과 쐐기를 이용해 몸 비틀기 등이 있다. 고문은 하루에 세 번만 할 수 있었다. 물론 피의자의 건강을 위해서가 아니라 고문의 효과를 높이기 위해서였다.

이처럼 이성적으로 진지하게 책의 권위를 이용해서 수많은 사람들을 참담한 비극의 구렁텅이로 밀어 넣은 것은 그 시대의 분위기를 고려하더라도 납득하기 어려운 악랄한 것이라 할 수 있다.

책의 원제는 말레우스 말레피카룸, 라틴어로 '마녀의 망치'라는 뜻이다. 이 책은 256쪽 분량으로 16~17세기까지 200여 년 동안 3만 부가 인쇄되었는데, 당시 문자를 아는 사람의 수를 고려한다면 엄청난 베스트셀러인 셈이다. 『마녀의 망치』는 '마녀사냥의 교과서'가 되어 유럽뿐만 아니라 미국에도 영향을 미쳤다.

세 번째 이야기

1634년 이탈리아,
단테

  로메오는 큰 가방을 메고 집 앞에 섰다. 오랜 여행을 마치고 막 집에 돌아온 참이었다. 집에는 아내 말리나와 열다섯 살이 된 아들 단테가 있을 것이다. 고달픈 여행을 견딜 수 있게 해 준 것은 역시 가족이었다.

  로메오는 문을 두들기기 전에 잠깐 눈을 감았다. 지난 1년 동안의 힘들었던 여행이 주마등처럼 눈앞을 스쳐 갔다. 프랑스에서 겪었던 끔찍한 모습이 달려들었다. 로메오는 얼른 눈을 뜨고 그 환영을 쫓아낸 다음 다시 고개를 세차게 흔들어 그 잔상마저 털어 냈다.

  로메오는 집 앞에 있다는 행복감에 옅은 미소를 지었다. 다시 집으로 돌아온 것이다. 누군가의 말처럼 여행은 안락한 집으로 돌아오기 위해 떠나는 것이다.

로메오는 흥분을 애써 누르며 문을 가볍게 두드렸다. 잠깐 기다렸지만 아무 대꾸가 없었다. 조바심이 나서 더 세차게 문을 두드리려고 하는 순간, 안에서 기척이 들리고 문이 벌컥 열렸다. 아름다운 아내 말리나가 눈을 동그랗게 뜨고 로메오를 쳐다보았다. 로메오는 말없이 웃었다. 그러고는 누가 먼저랄 것도 없이 동시에 서로를 끌어안았다. 말리나는 로메오에게서 바깥세상의 냄새를 맡았고, 로메오는 말리나에게서 집의 냄새를 맡았다. 로메오는 집에 돌아왔음을 실감했다.

"단테는 어디 갔소?"

로메오가 물었다.

"베아트리체의 집에 갔어요."

"베아트리체가 누구요?"

"길 건너 모퉁이에 살고 있는 단테의 여자 친구예요. 단테보다 한 살 많은데 친구처럼 지내는 모양이에요. 하루가 멀다 하고 그 집에 놀러 가요."

로메오는 미간을 좁히며 물었다.

"폐를 끼치는 거 아니오?"

말리나는 아무렇지 않다는 듯이 대답했다.

"그 집 아버지가 과학자인데 단테가 실험도 도와주고 한다고 오히려 좋아해요. 그러잖아도 지난번 길에서 만났을 때 물었더니 걱정하지 말라고 하던데요. 단테가 어릴 적부터 호기심이 많았잖아요. 베아트리체 아버지 말로는 단테가 훌륭한 의사나 과학자가 될 수도 있다네요. 의사가 되어 돈을 많이 벌면 당신처럼 이렇게 고생하지 않아도 될 테고……."

말리나는 로메오의 눈치를 보면서 말끝을 흐렸다. 오랜만에 집에 왔는데 단테가 없어서 로메오는 조금 서운했다. 말리나도 그것을 눈치챘는지 로메오의 뺨을 어루만지며 말했다.

"좀 조용히 쉬어요."

로메오는 간단하게 짐 정리를 한 다음 소파에 비스듬히 기댄 채 그대로 잠이 들었다.

로메오가 눈을 떴을 때 부엌 쪽에서 말리나와 단테가 웃고 떠드는 소리가 들려왔다. 로메오는 다시 한 번 집에 돌아왔다는 실감이 들었다. 로메오는 한참 동안 새처럼 재잘거리는 말리나와 단테의 소리를 들으며 짙은 행복을 느꼈다.

"어, 당신 일어났어요? 단테야, 아버지 일어나셨다."

말리나가 노래하듯 말했다. 단테가 한달음에 소파로 뛰어왔다. 로메오는 짐짓 딱딱한 표정으로 꾸짖듯 말했다.

"넌 어딜 그렇게 쏘다니는 거냐? 어머니 일 좀 도와주지."

단테는 머리를 긁적이며 로메오의 얼굴을 바라보았다. 로메오는 피사의 상인이었다. 피사는 예부터 해양 무역으로 유명한 도시였다. 단테는 아버지의 얼굴에서 굳건함을 느끼며 왠지 모를 안도감이 들었다.

"가셨던 일은 잘됐어요?"

로메오는 그제야 표정을 풀고 따스한 눈길로 아들을 바라보며 고개를 끄덕였다. 단테가 옆에 앉는 동안 말리나가 다가왔다. 로메오는 아들과 아내에게 1년 동안 겪었던 이야기보따리를 풀어 내기 시작했다. 단테와 말리나는 로메오의 이야기에 푹 빠져들었다. 거친 파도에 배가 뒤집힐 뻔한 이야기에서 말리나는 성

호를 긋고 한숨을 쉬었다.

"프랑스에 들렀을 때 마침 마녀재판이 열리고 있었는데, 어떤 여자가 마녀로 고발되었지. 그 여자는 순순히 자기가 마녀임을 밝혔다고 하더군. 그리고 화형을 거행했어. 불이 붙고 몸이 타오르기 시작하자 여자는 죄가 없다고 소리를 질렀지. 그 모습이 어찌나 끔찍했는지 한동안 잠을 자지 못했어. 여자의 비명 소리와 불타는 모습이 계속 떠올라서 말이야."

"여자가 죽으면서 마녀가 아니라고 했다면, 진짜로 마녀가 아닐지도 모르잖아요?"

"그거야 나도 모르지."

"한 가지 궁금한 게 있어요. 마녀는 하늘을 날아다니고 마법을 쓸 줄 안다고 하던데 왜 밧줄을 끊고 도망치지 않았을까요? 마녀라면 얼마든지 타 죽지 않고 도망칠 수 있을 텐데. 처음부터 잡히지 않던가."

단테는 의아하다는 듯이 로메오와 말리나의 얼굴을 번갈아 보며 물었다. 로메오는 말문이 막혔다.

"마녀가 아니었을지도 모르지."

로메오는 자신 없는 목소리로 대답했다.

"그렇다면 죄가 없는 사람을 불태운 거네요?"

로메오와 말리나는 서로의 얼굴을 마주 보았다. 말리나가 피식 웃으며 단테의 머리를 쓰다듬었다.

"우리 아들, 제법인데. 어떤 사람이 마녀인지 아닌지는 우리가 알 수 없어. 교회의 높은 분들이 어련히 잘 알아서 판정을 내리겠지."

"그래도 이상해요."

"뭐가 이상하다는 말이냐?"

"베아트리체의 아버지가 실제로 마녀는 없다고 했거든요. 멀쩡한 사람을 마녀로 만드는 거래요."

로메오는 가슴이 덜컥 내려앉았다. 로메오는 여러 차례 마녀로 지목된 사람이 불에 타 죽는 모습을 보았다. 로메오 또한 상인의 직감으로 그들 가운데 많은 사람들이 마녀가 아닐지도 모른다고 생각했다. 그렇지만 일단 마녀로 찍히면 살아날 수 없다는 것도 알았다. 로메오는 단테를 똑바로 쳐다보며 말했다.

"너, 어디 가서 그런 말 하면 안 된다."

"왜요?"

로메오는 잠깐 눈을 감았다가 단호한 말투로 대답했다.

"엄마가 말한 것처럼 그것은 우리가 결정하는 게 아니야. 교회의 훌륭한 분들이 결정하는 거지. 그리고 그분들의 말을 어기면 하느님이 화를 내실 거야. 그분들은 하느님을 대신하는 분들이니까. 그러니까 어디서든 마녀 이야기를 하면 안 된다. 자칫하면……."

로메오는 말을 끊고 단테에게 재차 다짐을 주듯 강한 눈빛으로 바라보았다. 단테는 뭔가 심상치 않다는 것을 느끼고 더 이상 캐묻지 않았다. 다만 믿을 수 없다는 표정으로 고개를 돌려 창밖을 바라보았다. 로메오는 그 모습을 보면서 뭐라고 말하고 싶었지만 딱히 할 말이 없었다. 그때 말리나가 로메오의 손등에 자기의 손을 얹었다. 로메오는 말리나의 따스한 온기를 느끼자 불안했던 마음이 평온해졌다.

단테는 다음 날 아침을 먹는 둥 마는 둥 하고 자리에서 일어 났다. 등 뒤로 아버지의 눈빛을 느꼈지만 무시하고 바깥으로 나 와서 베아트리체의 집으로 달려갔다. 베아트리체의 아버지 니콜 로가 단테를 반갑게 맞이했다.

"오늘은 아침 일찍 왔네. 베아트리체는 엄마랑 시장에 갔는 데."

"아저씨께 여쭤 볼 말이 있어서요."

단테는 전날 아버지와 나누었던 이야기를 들려주었다.

"마녀는 정말 있는 건가요?"

니콜로는 단테의 얼굴을 지그시 바라보고 대답했다.

"아버지가 돌아오셨구나. 너희 아버지는 많은 곳을 여행하고 많은 것을 보신 분이니 네 아버지 말이 맞을 거야."

"그렇지만 지난번에 아저씨는 마녀가 없다고 했잖아요? 죄 없 는 사람을 마녀로 몰아서 죽이기도 한다고 하셨는데. 베아트리 체와 나누는 이야기를 들었단 말이에요."

"예전에는 그랬지만 요즘은 그런 일이 없단다."

니콜로는 단테를 달래듯이 말했다.

"네 아버지 말처럼 그것을 결정하는 것은 공부를 많이 한 교 회의 높은 분들이니까 아마 틀림없겠지. 아, 며칠 뒤에 갈릴레이 선생님을 만나러 가기로 했는데, 너도 가견 좋을 텐데."

니콜로는 단테의 주의를 다른 데로 돌리려고 서둘러 화제를 바꾸었다. 갈릴레이는 이탈리아 최고의 과학자로 유명했다. 니 콜로는 갈릴레이가 피사 대학에 있을 때 그 밑에서 공부를 했다. 단테의 눈이 휘둥그레졌다.

"갈릴레이 선생님을 보러 가신다고요?"

"그래, 얼마 전까지 로마에서 재판을 받았는데 아시시에 있는 집으로 돌아오셨다는 말을 들었거든."

단테는 니콜로에게서 갈릴레이에 관한 이야기를 여러 차례 들었다. 원래 수도사가 되려고 했는데 의사가 되기를 원하던 아버지의 반대로 의학을 공부하다가 우연히 수학과 과학에 큰 흥미를 느껴 과학자가 되었다는 이야기는 단테의 가슴을 뛰게 하고도 남았다.

단테는 어릴 때부터 자연을 관찰하고 동식물과 어울리는 것을 좋아했다. 언젠가부터 단테는 갈릴레이처럼 훌륭한 과학자가 되겠다고 생각했다. 그런 면에서 지난해 베아트리체를 알게 된 것은 큰 행운이었다.

단테가 베아트리체를 처음 본 것은 다리 위에서였다.* 단테는 그 순간 벼락을 맞은 사람처럼 몸이 부들부들 떨렸다. 처음 느낀 것은 두려움이었다. 그대로 몸이 굳어지는 게 아닐까 걱정할 정도였다. 단테는 꼼짝도 하지 않고 베아트리체가 자기를 향해 다가오는 것을 바라만 보고 있었다. 베아트리체는 자기를 바라보는 단테를 흘낏 보고는 옆을 지나갔다. 한참이 지나고 나서야 주술에서 풀린 것처럼 단테는 몸을 움직일 수 있었다. 뒤를 돌아보

---

* 갈릴레이를 비롯해서 단테와 베아트리체는 실제의 인물들을 모델로 했다. 단테는 9살 때와 18살 때 베아트리체를 두 번 지나치며 만났을 뿐이지만 평생 그녀를 사랑했다고 전한다. 이런 인연으로 단테는 그 유명한 책인 『신곡』에서도 베아트리체를 주인공으로 삼았다.

왔을 때 베아트리체는 이미 사라지고 없었다.

　다음 날부터 단테는 매일 다리로 가서 언제 나타날지 모르는 베아트리체를 기다렸다. 단테가 베아트리체를 기다린 것은 처음 보았을 때의 그 느낌이 무엇인지 알고 싶었기 때문이다. 궁금한 것을 참지 못하는 단테는 하루 종일 그 느낌에 대해 생각해 보았지만 정체를 알 수가 없었다.

　그날도 단테는 다리 난간에 앉아서 다리를 흔들거리며 개천과 다리 위의 사람들을 번갈아 바라보면서 시간을 보냈다. 순간 낯익은 사람이 건너편에서 걸어오는 것이 보였다. 니콜로 아저씨였다. 단테는 니콜로 아저씨를 처음 만난 때를 떠올렸다.

　언젠가 단테가 경사진 골목길을 급하게 뛰어 내려가다가 길모퉁이에서 한 신사와 부딪쳤는데 그 사람이 바로 니콜로 아저씨였다. 단테와 니콜로는 함께 나뒹굴었다. 니콜로는 미안해서 어쩔 줄 몰라 하는 단테를 일으켜 주며 말했다.

　"덩치가 작은 녀석과 부딪쳤는데 함께 넘어졌네. 너랑 나랑 몸무게가 다른데 내가 넘어진 것은 네 녀석이 높은 곳에서 아래로 내려오면서 가속도가 붙어 강한 힘이 가해져서 그런가?"

　단테는 무슨 말인지 알아들을 수가 없었다. 단테는 궁금함을 참지 못하고 물었다.

　"아저씨, 그게 무슨 말이에요?"

　"내가 아는 사람이 예전에 피사의 사탑에서 무게가 다른 공을 함께 떨어뜨리는 실험을 한 적이 있거든."

　"네?"

　"하하하, 아니다. 넌 어디에 사는 누구냐?"

"단테라고 합니다. 아저씨는 누구세요?"

"당돌한 녀석이로구나. 난 니콜로라 하고 세상의 이치를 연구하지. 뭐든 물어보려무나."

단테는 무슨 말인지 정확하게 알아듣지는 못했지만 재미있는 아저씨라고 생각했다. 세상의 이치를 연구한다고? 단테는 쉽게 대답할 수 없는 질문을 생각하다가 살짝 웃으며 물었다.

"음, 그럼 아침에 해가 뜨고 저녁에 해가 지는 이유가 뭐예요? 신부님처럼 신이 그렇게 창조했다고 대답하실 건 아니죠?"

니콜로는 잠깐 단테의 얼굴을 뚫어지게 바라보고는 너털웃음을 터뜨렸다.

"물론 나는 신부가 아니니까 그렇게 대답하지 않을 거야. 해가 뜨고 지는 것은 말이야, 지구가 둥글기 때문이지."

니콜로는 두 손을 둥글게 말아 쥔 다음 왼손은 그대로 두고 오른손으로 원을 그리며 지구가 도는 것을 설명했다. 단테의 눈이 커졌다. 지구가 움직이고 있다고?

"거짓말이죠? 만약 우리가 살고 있는 땅이 움직인다면 막 흔들릴 텐데요?"

니콜로는 크게 웃었다.

"그렇지. 그걸 정확하게 모르겠단 말이야. 우리가 살고 있는 지구가 움직이고 있는데 왜 흔들림이 없는 걸까?"

단테는 니콜로를 멍하니 바라보았다. 니콜로는 씩 웃으며 집게손가락을 입에 대고 말했다.

"이건 비밀이야. 다른 사람에게 말하면 안 된다."

"사람들에게 그런 말을 하면 미쳤다고 할 텐데 왜 그런 말을 하겠어요."

"그런가, 하하."

그 이후로 가끔 단테와 니콜로는 길에서 만났고, 그때마다 니콜로는 단테를 붙잡고 한 번도 생각해 본 적이 없는 질문을 던졌다. 단테도 궁금했다. 바람이 왜 부는지, 비는 왜 내리는지. 그래서 생각나는 대로 대답했고, 니콜로는 계속 새로운 질문을 던졌다. 아무튼 참으로 이상한 아저씨였다.

이렇게 단테는 다리 난간에 앉아서 니콜로 아저씨를 보며 지난 일을 생각했다. 그러다가 자리에서 벌떡 일어났다. 단테의 마음에 벼락을 안겨 준 베아트리체가 나타났던 것이다. 갑자기 주위가 환해진 느낌이 들어서 놀랐다. 더욱 놀란 것은 베아트리체가 니콜로와 이야기를 나누며 함께 걸어왔다는 사실이었다.

니콜로가 단테를 발견하더니 다짜고짜 질문을 던졌다.

"어이, 단테, 눈을 밟으면 왜 미끄러울까?"

단테는 아무 말도 못 하고 니콜로와 베아트리체를 번갈아 보았다. 단테가 대답을 하지 않자 니콜로는 새로운 질문을 던졌다.

"물은 왜 아래로 흐를까?"

"아빠, 그때 말씀하신 호기심 많은 아이가 쟤예요?"

베아트리체가 웃으며 말했다. 괴짜 아저씨가 아빠라고? 단테는 멍한 표정으로 다시 니콜로와 베아트리체를 번갈아 보았다.

"오늘은 조용하네. 가자."

니콜로는 단테가 아무 말도 하지 않자 재미없다는 표정으로 베아트리체에게 말했다. 단테는 베아트리체를 그냥 보낼 수 없었다. 그래서 니콜로의 등에 대고 크게 소리쳤다.

"분수는 위로 솟구치잖아요!"

니콜로와 베아트리체가 동시에 걸음을 멈추고 뒤로 돌아섰다.

"그렇지, 분수는 말이야……."

니콜로는 신이 나서 분수의 원리에 대해 설명해 주었다.

"아빠, 엄마가 기다린단 말이에요."

베아트리체가 니콜로와 단테가 이야기하는 것을 물끄러미 보고 있다가 끼어들었다.

"그렇지, 집으로 가야지. 가면서 얘기하자."

이렇게 해서 단테는 베아트리체의 집이 어딘지 알아냈다. 그 뒤로 특별한 일이 없으면 새로운 질문거리를 들고 베아트리체의 집을 찾아갔다.

"아저씨, 사람이 천사가 될 수 있나요? 아니, 천사가 사람이 될 수 있나요?"

어느 날 단테가 베아트리체를 보며 묻자, 니콜로는 묘한 웃음을 짓더니 역시 베아트리체를 보며 말했다.

"천사가 사람이 될 수 있지. 여기 있잖아."

베아트리체는 두 남자를 보면서 눈을 흘겼지만 기분 나쁜 표정은 아니었다. 그 이후 니콜로는 단테를 놀려 댔다.

"어이, 단테, 천사를 좋아하는 인간이 왔네. 그런데 말이야, 인간이 천사를 좋아하면 어떻게 될까?"

이제 단테는 그 이치는 정확히 알 수 없었지만 태양이 지구를 도는 것이 아니라 지구가 태양을 돌고 있다는 것을 믿게 되었다. 처음엔 미친 생각이라고 비웃었지만 니콜로와 질문을 주고받으면서 그가 미친 사람이나 괴짜가 아니라는 것을 알게 되었다. 그 과정에서 갈릴레이라는 이탈리아 최고의 과학자가 겪었던 사건에 대해서도 자세하게 들었다. 니콜로는 연극배우라도 된 듯 그때의 상황을 몸짓 발짓을 해 가며 설명해 주었다.

"그때가 그러니까 20년쯤 전인데……."

"정확하게 1616년이에요."

옆에 있던 베아트리체가 단테를 향해 웃으며 말했다. 단테는 베아트리체가 웃을 때마다 여전히 가슴이 쿵쿵거리며 뛰었다.

"그렇지, 1616년! 교황청에서 코페르니쿠스 우주론에 대한 금지령을 내렸지. 코페르니쿠스 우주론의 핵심은 태양이 지구를 도는 것이 아니라 지구가 태양을 돈다는 것이야. 이른바 지동설이지."

"교황청에서는 왜 지동설을 금지시킨 거예요?"

"그동안 우주의 중심은 지구이고 하늘엔 신이 산다고 생각해 왔거든. 지구가 우주의 중심이고 그 중심에 신이 있는 거지. 그런데 그 주장이 뒤집힐 위기에 놓인 거야. 세상의 중심이 지구가 아니라 태양인 게 밝혀지게 되면 이제까지 교회에서 가르친 것이 틀렸다는 것이 밝혀지는 거야. 예를 들면 지금까지 집에 있는 아버지가 진짜 아버지인 줄 알았는데 진짜 아버지가 따로 있다는 것이 밝혀지는 거지. 충격적이지?"

"진짜 놀랄 것 같아요. 그런데 사람이 어떻게 천사의 아버지가 될 수 있어요?"

단테가 베아트리체를 가리키며 물었다. 니콜로는 어이가 없다는 듯이 베아트리체를 보며 말했다.

"이 녀석, 진지하게 이야기를 하고 있는데 그런 농담을 하다니. 이제부터 내가 갈릴레이 선생님이 되어 당시의 상황을 알려주마."

니콜로는 잠시 뜸을 들인 다음 갈릴레이 역을 맡은 연극배우처럼 과장된 몸짓을 섞어 가며 얘기하기 시작했다.

"난 당시에 태양이 지구 주위를 돈다는 천동설이 아니라 지구가 태양의 주위를 돈다는 지동설을 지지하고 있었지. 천문학자로 유명한 케플러에게도 기존의 천동설이 바다의 조수 현상에 대해 설명할 수 없다는 점을 들어 지동설이 옳다는 편지를 보내기도 했어. 지동설은 이미 코페르니쿠스라는 폴란드 학자가 주장한 것이었지. 1610년에 나는 망원경으로 태양의 흑점과 달의 표면, 목성의 위성 4개를 찾아냈는데, 모두 지동설을 뒷받침할 수 있는 증거들이었어. 내가 천재라는 증거이기도 했지.

그런데 로마 교황청에서 내게 지동설을 주장하지 말라는 협박을 해 왔어. 나보고 우매하고 이단적이라고도 했지. 우매하다고? 이 천재 과학자인 내게 말이야. 어처구니가 없는 일이었지. 하지만 어쩌겠어. 세상에서 가장 힘이 센 곳이 교황청이고 그곳에서 그렇게 하라니 따라야지. 나는 살기 위해 지동설을 말하거나 옹호하지 않겠다는 서약을 하고 말았지. 오, 불쌍한 갈릴레이!"

베아트리체가 크게 웃음을 터뜨렸다. 단테도 니콜로의 표정과 말투를 보면서 웃지 않을 수 없었다. 그러나 내용은 웃기지 않았다. 단테는 우매한 것은 교황청이라고 생각했다.

"그래서 갈릴레이 선생님은 그 이후 지동설을 주장하지 않았나요?"

"갈릴레이 선생님이? 그럴 리가. 그분은 자신이 옳다고 생각하는 것을 포기하는 사람이 아니야. 하지만 교황청이 갈릴레이 선생을 위험인물로 보고 계속 감시를 하니까 조심스럽게 행동한 거지. 그런데 다행스러운 것은 갈릴레이 선생님과 친분이 있었던 바르베리니 추기경이 1623년에 교황 우르바노 8세가 되었다는 점이지."

"그럼 더 이상 갈릴레이 선생님을 감시하지 않았겠네요."

"거기서 끝나지 않았지. 갈릴레이 선생님은 끈덕진 사람이거든. 갈릴레이 선생님은 로마로 찾아갔어."

니콜로는 다시 갈릴레이 역을 맡은 연극배우가 되었다.

"나는 교황에게 한 가지 제안을 했지. 교황청 사람들이 과학적인 지식을 갖출 수 있도록 책을 하나 쓰겠다고. 책 제목은 '밀물과 썰물, 조수에 관한 대화'였는데 천동설이 아닌 지동설이 옳다는 이야기를 하고 싶었어. 교황청은 내가 1616년에 한 서약을 믿고 책을 써도 좋다고 허락했지. 우매한 자들! 아마 내가 천동설이 옳다는 글을 쓸 거라고 생각한 모양이야. 내가 어떤 사람인지 몰랐던 거지."

단테가 궁금증을 참지 못하고 물었다.

"그래서 어떻게 되었어요?"

"어떻게 되기는? 난리가 났지. 교황청은 분노했고 갈릴레이 선생님을 로마로 불러서 이단 재판에 회부했어. 이단 재판은 종교재판인데 교황청에서 자기들의 생각과 다른 생각을 주장하거나 글을 쓰는 사람들을 고발해서 재판하는 거지. 마녀재판도 일종의 종교재판이야."

단테와 베아트리체는 아까와 달리 진지한 표정으로 니콜로의 말에 귀를 기울였다.

"옳다고 생각하는 것을 말하고 글을 쓰는 것이 잘못인가요?"

니콜로는 베아트리체의 돌연한 질문에 말을 멈추고 한동안 허공을 바라본 뒤 작은 목소리로 말했다.

"그에 대해서는 너희들이 스스로 생각을 해 봐."

단테는 집에 돌아와서도 옳다고 생각하는 것을 말하는 것과 그것을 막으려는 사람들에 대해 계속 생각했다. 로메오와 말리나는 단테의 표정이 심각한 것을 보며 눈짓을 주고받았다.

"왜 이렇게 기운이 없어? 베아트리체와 싸웠니?"

말리나가 조심스럽게 단테에게 물었다. 단테는 말없이 고개를 저었다.

"자기가 옳다고 생각하는 것을 주장하는 것이 나쁜 일인가요?"

로메오는 단테를 물끄러미 보았다. 가볍게 얼버무리고 넘어갈 일이 아닌 듯했다.

"그것은 상황에 따라 달라지겠지."

단테는 도무지 이해할 수 없었다.

"옳다고 생각하는 것을 때로는 아니라고 거짓말을 해야 한단 말이에요? 어머니는 저에게 거짓말을 하지 말라고 그러셨잖아요."

"어, 그러니까 거짓말을 하면 나쁘지."

말리나는 당연하다는 표정으로 말했다. 그때 로메오가 끼어들었다.

"이렇게 생각해 보렴. 내가 옳다고 주장하는 것이 반드시 모두에게 옳은 것이 아닐 수도 있지 않을까? 자기만의 생각에 빠져서 자기만 옳다고 주장하고 그것을 다른 사람에게 강요한다면 세상이 어떻게 되겠니?"

"그런데 그것이 진짜로 사실이라던요?"

"진짜로 사실이라는 것을 누가 판단하지?"

단테는 말문이 막혔다. 그것이 진짜라는 것을 누가 판단 내릴 수 있을까? 단테의 표정을 보고 로메오가 말을 계속했다.

"자기 생각만 옳다고 주장한다면 싸움이 벌어지기 십상이지."

"그렇다면 자기가 옳다고 생각하는 것을 주장하지 말아야 해요?"

"그렇지는 않아. 우리가 지금 대화를 하고 있는 것도 자기가 생각하는 것을 주장하는 것이니까. 다만 서로가 생각하는 것이 다를 때 어느 쪽이 옳은지를 판정하는 것이 쉽지 않은 거지. 서로를 설득하고 공감을 이끌어 내는 것이 중요해."

그때 말리나가 끼어들었다.

"난 교황님을 비롯해서 신부님들이 누가 옳은지 판정을 내리는 게 공정할 것 같은데."

옆에 있던 로메오도 고개를 끄덕이며 말리나의 의견에 찬성한다는 표정을 지었다. 단테는 갈릴레이의 이단 재판을 떠올렸다. 단테는 갈릴레이에게 일어난 일에 대해 로메오와 말리나에게 말했다. 그리고 빈정거리는 말투로 말했다.

"맞아요, 훌륭하신 신부님들이 정확한 판정을 내리겠지요."

로메오는 무슨 말인가 하려다가 삼켰다.

며칠 동안 부슬부슬 비가 내렸다. 단테는 니콜로와 베아트리체가 빗길에 갈릴레이가 살고 있는 아시시까지 오가기가 힘들겠다는 생각을 하며 창밖을 내다보았다. 거리는 어둑어둑했다. 그때 길모퉁이에서 아버지가 빗속을 걸어오는 모습이 보였다. 단테는 재빨리 자리에서 일어나 현관으로 달려가 문을 열었다. 로메오는 옷에 묻은 빗물을 털어 냈다.

"어디 갔다 오시는 거예요?"

"그래."

단테는 로메오와 함께 식탁에 앉았다. 말리나가 곧 저녁 식사를 내왔고 세 식구는 조용히 들리는 빗소리처럼 조용히 저녁을 먹기 시작했다. 로메오가 포크를 내려놓고 단테를 보고 웃으며 말했다.

"아, 오늘 밖에서 네가 흥미로워할 이야기를 들었는데."

단테도 포크를 내려놓고 아버지를 바라보았다.

"지난번에 옳고 그름을 누가 판정하는가에 대해 이야기한 적이 있잖아? 그리고 갈릴레이라고 했나? 교황과도 친했다는 그 유명한 과학자 말이야."

단테는 아버지 입에서 갈릴레이라는 이름이 나오자 깜짝 놀랐다. 아버지가 이름까지 기억하고 있을 줄은 몰랐다.

"흥미로운 이야기라는 게 뭐예요?"

"나 같은 상인들은 세상 일에 관심이 아주 많아. 세상에 무슨 일이 일어나고 있는지 알아야 장사도 잘할 수 있으니까."

단테는 고개를 끄덕였다.

"오늘 조합 사람들에게 갈릴레이에 대해 물어봤거든. 그분이 태양이 지구를 도는 것이 아니라 지구가 태양을 돌고 있다고 주장했다며? 그래서 예전에 종교재판을 받고 자기의 생각을 포기했다고 하던데, 맞니?"

단테는 몸을 앞으로 내밀고 고개를 끄덕였다.

"이번에는 책을 써서 교황청이 화가 난 모양이던데. 다행히 이번에도 갈릴레이가 자기 주장을 포기하겠다고 해서 사형당하지 않고 집으로 돌아간 모양이야."

"네, 니콜로 선생님과 베아트리체도 갈릴레이 선생님이 풀려났다는 소식을 듣고 아시시로 갔어요."

"그래서 네가 요즘 집에 틀어박혀 있구나, 요 녀석."

"로마에서 어떤 일이 있었대요?"

"로마 교황청이 화가 단단히 났나 봐. 처음에는 정중하게 대접했는데 이번에는 늙은 갈릴레이를 감옥에 가두고 고문할 수 있다고 협박한 모양이야. 심하면 사형에 처할 수도 있다고 으름장을 놓았다던데."

단테는 눈살을 찌푸렸다.

"다행히 갈릴레이가 자기 주장을 거두겠다고 해서 겨우 풀려난 모양이야. 그런데 정말 재미있는 것은 갈릴레이가 재판장을 나오면서 '그래도 지구는 돈다.'라고 말했다더라고. 그 양반도 어지간히 고집이 센 모양이야."

단테와 말리나는 크게 한숨을 내쉬었다. 잠깐 뜸을 들인 로메오가 계속 말을 이었다.

"우리 같은 상인들은 태양이 지구를 돌든 지구가 태양을 돌든 상관하지 않아. 그래서 그런 일로 목숨이 왔다 갔다 하는 것이 잘 이해되지 않지만, 갈릴레이라는 과학자가 화형당하지 않아서 천만다행이라고 생각해. 조합 사람들도 다들 그렇게 생각하고 있더라고. 예전에 지구가 돈다고 주장하다가 불에 타 죽은 사람이 있었거든."

단테는 깜짝 놀랐다. 지동설을 갈릴레이보다 먼저 주장한 사람이 있다니, 처음 듣는 이야기였다.

"화형을 당했다고요? 그 사람이 누구예요?"

"이탈리아 사람인데, 브루노라는 사람이야."

"그 사람도 과학자인가요?"

"아니, 그 사람은 철학자라고 하던데."

로메오가 들려준 이야기는 매우 충격적이었다. 지오다노 브루노는 오랫동안 유럽을 여행하면서 갈릴레이처럼 코페르니쿠스의 지동설에 영향을 받고 1591년에 귀국했다. 그리고 곧바로 체포되어 종교재판을 받고 유죄를 판결받았다.

"브루노도 갈릴레이처럼 자기 주장을 포기하고 목숨을 구했으면 좋았을 텐데."

이야기를 듣고 있던 말리나가 혼잣말을 하듯 말했다. 로메오는 고개를 끄덕였다.

"그런데 브루노는 좀 이상해. 체포된 것은 1591년인데 화형에 처해진 것은 1600년이거든."

"그렇다면 곧바로 화형당한 게 아니네요?"

단테가 말했다.

"그렇지. 나도 그 부분이 이상해서 사람들에게 물어보았더니, 교황청에서 갈릴레이에게 했던 것처럼 주장을 철회하면 살려 주겠다고 회유를 한 모양이야. 그런데 브루노는 끝내 자기 주장을 포기하지 않고 화형당했다고 하더라고. 철학자들은 좀 괴짜라고 하더니 정말로 그런가 봐."

말리나가 혀를 끌끌 차며 말했다.

"그냥 갈릴레이처럼 아니라고 거짓말을 하고 살았으면 얼마나 좋아. 일단 살아야지."

로메오가 단테를 보면서 말했다.

"브루노가 무슨 생각을 했는지는 모르지만 어떤 사람들은 자기가 옳다고 주장하는 것 때문에 때로는 목숨을 잃기도 해. 때로는 갈릴레이처럼 굽힐 줄도 알아야지. 내가 철학은 잘 모르지만 나 같은 상인들은 자기의 생각을 지키기 위해 목숨을 걸지 않아. 우리는 물건이나 신용을 지키기 위해 목숨을 걸지."

로메오는 말리나를 사랑스러운 표정으로 바라보며 말했다.

"단테야, 남자라면 자기가 사랑하는 사람을 지킬 줄도 알아야 한다."

그러고는 주머니에서 목걸이를 꺼냈다.

"독일에 갔을 때 당신 주려고 샀소. 오늘 보석상에 들러 조금 손을 보고 광을 냈지. 어때요, 아름답지 않소?"

로메오는 말리나의 목에 목걸이를 걸어 주었다. 가운데 두 마리의 물고기가 새겨져 있고 테두리에 작고 둥근 원이 사슬처럼 이어진 예쁜 목걸이였다.

"아, 오늘 상인 조합에서 나온 말인데, 내년에 영국에 가야 하오. 그때 우리 가족이 모두 함께 가면 어떨까? 단테, 네 생각은 어떠니? 다른 세상을 구경하는 것도 좋을 거야. 네가 과학자나 의사가 되고 싶다면 말이지."

말리나는 기쁜 표정으로 로메오를 포옹했다. 단테는 가슴이 뭉클했다.

그날 밤 단테는 오랫동안 잠을 이루지 못하고 뒤척였다. 브루노와 갈릴레이 모두 지동설을 주장했는데, 브루노는 자기 생각을 포기하지 않고 화형당했고 갈릴레이는 자기 주장을 거두고 살아남았다. 두 사람은 어떤 차이가 있는 것일까? 오랫동안 생각해 보았지만 잘 알 수가 없었다.

목숨을 구하기 위해 자기 주장이 틀렸다고 말한 갈릴레이가 비겁했던 것일까? 아니면 자기 주장을 끝까지 지킨 브루노가 무모했던 것일까? 아버지 말처럼 적당히 타협하며 사는 게 좋을 것일까? 그렇지만 상인들도 물건이나 신용을 지키기 위해 애쓰지 않는가.

누군가는 소중하다고 생각하는 것을 지켜야 하는 것은 아닐까? 교황청은 왜 브루노를 죽였을까? 자기와 생각이 다르다고 불에 태워 죽여도 되는 것일까? 교황청은 늘 옳은 것일까?

단테는 빨리 니콜로와 베아트리체가 돌아오면 좋겠다고 생각했다. 물어볼 것이 너무 많았다. 베아트리체의 환한 웃음을 보면 머릿속이 한결 정리될 것 같았다.

그리고 아직 시간이 남아 있지만 부모님과 함께 할 영국 여행도 궁금했다. 영국은 큰 섬이라고 했다. 단테는 영국에 대한 생각을 하다가 잠이 들었다.

그날 밤 단테는 베아트리체와 결혼하는 꿈을 꾸었다. 성당의 종소리가 울리고 많은 사람들 속에서 단테와 베아트리체는 손을 꼭 잡고 함께 걸었다. 단테는 가슴이 터질 듯했다. 베아트리체의 목에는 아버지가 어머니의 목에 걸어 주었던 목걸이가 걸려 있었다. 두 마리의 물고기가 헤엄을 치고 있는 듯이 보였다. 하늘에서 빛이 쏟아져 내렸다. 눈이 부셨다.

마녀사냥을 바라보는 관점
종교적 진리와 과학적 진리

갈릴레오 갈릴레이가 재판정을 나서면서 했다는 '그래도 지구는 돈다.'라는 말은 사실이 아닐 가능성이 높다. 그러나 이 말에는 과학적 진리에 접근할 수 있는 중요한 사실이 숨겨져 있다.

얼핏 진리는 하나일 것이라고 생각하기 쉽지만 과학이나 철학, 종교 등 각각의 영역에서 생각하는 진리는 서로 차이가 있다. 과학적 진리는 기본적으로 오류를 인정하는 것이다. 관찰하고 경험해서 얻은 사실을 통해 진리를 추론하지만 그것이 언제든지 달라질 수가 있음을 인정하는 것, 새로운 증명이나 증거를 찾아내면 과거의 것을 고집하지 않고 받아들이는 것이 바로 과학이 생각하는 진리의 기준이다.

따라서 갈릴레이는 지동설을 주장하기 위해 목숨을 걸 필요가 없었다. 갈릴레이는 이미 지구가 돌고 있다는 것을 알고 있었고, 자기가 그렇게 주장하든 반대로 주장하든 상관없이 지구는 이미 돌고 있기에 굳이 목숨 걸고 싸울 필요가 없었던 것이다. 갈릴레이가 목숨을 아까워했거나 비겁해서가 아니라 그것이 과학자의 기본적인 자세였다.

이와 달리 지오다노 브루노는 철학자로서 철학적 진리를 추구하는 사람이었다. 브루노는 지동설을 신념의 차원에서 받아들였다. 철학은 기본적으로 세상의 이치를 탐구하고 그 기준을 정하는 학문이다. 따라서 오늘은 A라고 했다가 내일은 B라고 말하면 세상은 혼란에 빠지게 된다. 쉽게 예를 들면 오늘은 꽃이라고 부르던 것을 내일은 돼지라고 부르면 어떻게 되겠는가.

따라서 브루노로서는 자기가 신념으로 받아들인 지동설을 목숨을 구하기 위해 부정하게 되면 그가 지금껏 주장했거나 살아온 삶 전체가 거짓이 되고 만다. 그렇기 때문에 브루노는 지동설을 철회하지 않고 불에 타 죽은 것이다. 브루노가 어리석거나 멍청해서가 아니라 갈릴레이와 진리에 대한 태도가 달랐기 때문이다.

그렇다면 마녀사냥과 깊은 연관이 있는 종교적 진리는 어떨까? 종교의 진리는 과학적 진리보다 철학적 진리와 가깝다. 그래서 종교적 진리를 명확하게 알기 위해서는 과학적 진리와 비교해 보면 보다 선명해진다.

예를 들어 "백조는 하얗다."는 명제가 있다고 하자. 과학자들이 세상의 백조를 모두 찾아내 모든 백조가 하얗다는 것을 확인하게 되면 "백조는 하얗다."는 말은 참이 된다. 그런데 블랙 스완, 즉 검은 백조가 발견되면 어떻게 할까? 여기서 과학과 종교가 갈라진다.

과학의 경우 검은 백조를 발견하게 되면 "백조는 하얗다."는 명제가 참된 것이 아니라고 결론을 내릴 것이다. 아니면 "대부분의 백조는 하얗지만 검은 백조도 있다."는 명제를 채택하게 될 것이다.

그런데 종교는 그럴 수가 없다. 종교는 절대성을 바탕으로 하고 있기 때문이다. 예를 들면 "신은 대체로 선하지만 악하기도 하다."라는 주장을 하게 되면 신의 위상은 추락할 것이고 종교 자체도 붕괴하게 된다. 백조의 예로 돌아가면 "신은 선하다." 또는 "백조는 하얗다."는 믿음을 지키는 것이 종교적 진리이다.

그런데 검은 백조가 발견되면 종교는 어떻게 할까? 이들은 자기들의 믿음이 지닌 절대성을 유지하기 위해 검은 백조를 죽이거나, 사람들에게 검은 백조를 하얀 백조라 우기고 세뇌할지도 모른다. 안데르센의 동화 『벌거벗은 임금님』처럼 말이다.

인류의 문화에서 절대성은 가장 기본이 되는 상상력 가운데 하나이다. 그 절대성이 없다면 인류의 문화는 기초부터 흔들리게 된다. 우리의 삶을 비춰 볼 수 있는 신 또는 하늘이라는 거울이 없었다면 인류의 윤리와 도덕은 심하게 훼손되었을 것이다.

그러나 그 절대성을 앞세워 사람들을 억압하고 박해하면 무서운 재앙을 초래하게 된다. 마녀사냥도 그렇게 절대성을 내세워 사람들에게 가한 폭력이었음을 잊으면 안 된다. 나 외에 모두 틀렸다고 주장하고 마녀로 규정하는 독선적인 태도는 예나 지금이나 인류 문화를 위협하는 가장 큰 적 가운데 하나이다. 그러나 슬프게도 우리는 오늘날에도 이런 모습을 주변에서 자주 마주하게 된다.

인류는 종교와 과학, 철학 등 다양한 방면의 연구와 노력을 통해서 훌륭한 문화를 만들고 향유해 왔다. 다만 어느 한쪽으로 지나치게 기울게 될 때 문화가 왜곡된다는 것이 마녀사냥의 사례에서 입증되었다. 두 사람의 체중이 너무 차이가 나면 시소를 탈 수가 없다. 적절한 균형이 시소를 즐길 수 있는 기본적인 요소이다. 반면 일방적인 독주나 독선은 위험하고 결국은 인류에게 해를 입힌다.

네 번째 이야기

1647년 영국,
미키

"너 그거 알아?"

"뭘?"

지미는 어깨를 나란히 하고 걷고 있는 미키의 얼굴을 보았다. 미키는 걸음을 멈추고 지미의 어깨를 툭 치며 말했다.

"마녀에게 가장 중요한 게 뭔지 아냐고. 하긴 네가 그걸 알 리가 없지."

지미는 어처구니없다는 표정으로 미키를 보았다. 미키는 만날 때마다 마녀 이야기를 했다. 어떤 때 보면 마녀에 미친 사람 같았다. 미키의 아버지는 마녀사냥꾼으로 유명한 사람이었다. 미키의 아버지가 마녀로 고발한 사람이 수백 명이 넘었고 대부분 마녀라는 판결을 받고 사형에 처해졌다. 대부분의 사람들은 미키의 아버지 페론을 무서워했다. 다만 미키는 아버지를 자랑스러워했다. 미키에게 아버지는 영웅이었다. 미키가 지미를 만날 때마다 마녀 이야기를 하는 것은 그 때문이었다.

"바로 마녀의 집회야."

지미가 묻지도 않았는데 미키가 뭔가에 홀린 눈빛으로 말했다.

"마녀가 떼를 지어 모인단 말이야?"

지미가 놀란 듯이 물었다.

"마법사와 마녀들이 한밤중에 한곳에 모여서 집회를 열어. 아버지가 그러는데 그 집회 장소만 알아내면 마녀들을 한꺼번에 잡아들일 수 있대."

"마녀들에게 물어보면 되잖아?"

"마녀들이 알려 주지 않아. 재판이 열릴 때마다 재판관이 물어보는데 대부분은 마녀의 집회에 참석한 적이 있다고 고백했지만 그 장소가 어디인지를 알려 준 마녀는 없었어."

"왜?"

"기억나지 않는다는 거지."

"이상하다. 참석은 했는데 거기가 어딘지는 모른다는 말이잖아?"

미키가 갑자기 낮은 목소리로 속삭였다.

"그래서 아버지가 고문을 했는데도 끝내 알아내지 못했어."

"뭐, 고문을 했다고?"

"응, 마구 때리기도 하고, 날카로운 창으로 여기저기 찌르기도 하고, 며칠 동안 굶기고 잠도 재우지 않고."

지미는 흠칫 놀라며 주위를 둘러보았다. 주위에는 아무도 없었다.

"그래도 되는 거야?"

"마녀는 나쁜 사람이야. 다른 사람들을 해치고 가축도 죽이니까. 그 정도는 괜찮아. 어차피 불에 타서 죽을 테니까. 아버지는 그런 사람들은 모두 태워 죽여야 한다고 했어."

지미의 눈이 동그랗게 커졌다. 왠지 으스스한 기분이 들었다.

"마녀의 집회를 사바트라고 불러."

미키는 아무렇지 않다는 듯이 계속 말했다.

"아버지에게 들은 이야기인데, 밤이 되면 사방에서 마법사들과 마녀들이 한자리에 모인대. 그 자리에 머리에 뿔이 나고 염소의 발굽을 가진 악마들도 나타나. 그러면 마법사들과 마녀들이 악마에게 양초를 바치고 악마의 엉덩이에 키스를 해."

"엉덩이에 키스를 한다고?"

지미가 관심을 보이자 미키는 신이 나서 사바트에 대해 설명하기 시작했다.

"엉덩이에 키스를 하는 것은 존경의 표시야. 신사가 숙녀의 손등에 입을 맞추는 것과 비슷하지. 마법사들과 마녀들이 모이면 서로 등을 맞대고 원을 그리며 춤을 추기 시작해. 그러면 악마는 염소의 모습을 하고 마녀들과 함께 춤을 춰. 염소와 마녀가 서로 껴안고 춤추는 걸 한번 상상해 봐."

지미는 쿡쿡거리며 웃었다.

"그런 걸 어떻게 알아낸 거야?"

"마녀들이 고백한 거야."

"정말 웃긴다. 엉덩이에 키스하고 염소하고 춤을 추고."

"그렇지. 근데 그게 다가 아니야. 흥이 나면 악마는 피리를 불고 마법사들은 노래를 불러. 아주 신이 나서 노래를 불러 대. 그리고 더 신이 나면 남녀가 짝을 지어 야한 춤을 춰."

"그래서?"

"그다음은 나도 몰라. 아버지가 거기까지만 이야기해 주었어."

"그래? 그럼 모여서 춤만 추고 헤어지는 거야?"

"아니, 한바탕 춤추고 노래한 다음 술을 마시고 음식을 먹어."

"마녀들도 먹는단 말이야?"

"그럼, 먹지."

"뭘 먹는데?"

"매번 달라지는 모양인데, 식탁에 주로 올라오는 것은 버터와 치즈, 그리고 고깃덩어리들이야. 식탁 한가운데에는 큰 냄비가 있고 그 안에 고기가 가득 끓고 있어."

지미는 자기도 모르게 침을 삼켰다.

"그리고 한편에 포도주가 채워진 술잔들이 놓여 있어서 아무나 마실 수 있어."

미키도 입맛을 다셨다. 둘은 한동안 말을 하지 않았다. 어쩌면 둘은 사바트에 참가해서 음식을 먹고 있는 상상을 하고 있는지도 모른다.

"참, 악마의 식탁에 없는 게 하나 있어. 뭔지 알아?"

"그걸 내가 어떻게 알아."

"우리가 늘 먹는 거야. 그런데 악마와 마녀들은 먹지 않아."

지미는 한동안 궁리를 했지만 도저히 감을 잡을 수 없었다.

"몰라. 뭐야?"

"소금."

"아니, 소금을 왜 안 먹어? 소금이 없으면 맛이 없을 텐데."

"신이 모든 음식에 소금을 넣으라고 했거든. 그래서 소금은 신과 같은 거야. 아버지는 소금이 신의 지혜라고 했어."

"마법사와 마녀는 신의 적이니까 소금을 먹지 않는다는 말이구나."

미키가 고개를 끄덕였다.

"그렇지. 마녀들이 사바트에서 소금을 먹지 않는다는 것은 우리 아버지가 알아낸 거야."

"어떻게 알아낸 거야?"

"아버지가 마녀들을 고문해서 알아낸 거지. 아버지가 이렇게 물어봤대. '그리스도가 모든 음식에 소금을 넣으라고 했는데 너희는 소금을 먹느냐?' 그랬더니 마녀들이 자기들은 소금을 먹지 않는다고 대답했대."

"그럼 춤추고 먹고 마신 다음 끝나는 거야?"

"아니지. 가장 중요한 게 남아 있어. 파티가 끝나면 마법사들이 악마에게 그동안 일어난 일을 보고해야 해."

지미가 계속 묻자 미키는 신이 났다.

"밖에서 있었던 일을 엄마에게 말하는 것처럼 악마에게 말하는 거구나."

지미의 말에 미키가 연신 고개를 끄덕였다.

"마법사들과 마녀들이 그동안 자기가 얼마나 나쁜 짓을 많이 했는지 보고하면 칭찬을 받기도 하고 꾸지람을 받기도 해."

"어떤 일을 해야 칭찬을 받는 거야?"

"그야 나쁜 짓이지. 가축을 많이 죽이거나 사람들 사이에 질병을 퍼뜨리거나 농사를 망치게 한 일이 최고야. 그런 말을 들을 때마다 악마는 기뻐해. 악마의 목적은 이 땅에서 인간을 모두 없애는 거니까."

"그럼 인간을 돕거나 인간에게 이로운 일을 하면 어떻게 돼?"

미키는 의미심장한 미소를 지었다.

"고발을 당해서 재판을 받는 거지. 우리 아버지가 마녀를 잡으면 재판관이 재판하는 것처럼 마법사들과 마녀들도 비슷한 일을 해. 만약 조금이라도 사람들을 도운 마법사나 마녀가 있으면 그 자리에 모인 마법사와 마녀들에게 야유와 조롱을 당해. 인간을 위해 아주 좋은 일을 많이 한 경우에는 매질을 당하거나 무리에서 쫓겨나기도 하지."

"우리가 보기에 가장 나쁜 짓을 한 마녀가 거기서는 최고 대접을 받는 거네?"

"그렇지. 우리는 그런 마녀나 마법사를 찾아내서 불태워 죽여야 하는 거고."

미키는 말하면서 주먹을 불끈 쥐었다.

"악마는 마녀와 마법사들에게 이렇게 소리치지. 돌아가서 악한 일을 많이 하라! 이웃 사람을 죽게 만들고, 질병을 퍼뜨리고, 가축을 죽여라! 또한 곡식이 자라지 못하도록 씨앗을 메마르게 하라! 원수를 죽여라!"

미키는 마치 웅변을 하듯 두 팔을 벌려 가며 목소리를 높였다.

날이 어둑어둑 땅거미가 지고 있었다.

"이제 집에 가야겠어. 선한 빛의 시간이 지나고 악한 어둠의 시간이 오려고 하니까."

．

미키는 연설을 하듯이 말했다. 지미는 미키의 어깨를 한 번 툭 치고는 집을 향해 뛰어갔다.

그때 미키의 아버지이며 마녀사냥꾼인 페론은 술집에서 술을 마시고 있었다. 오후부터 마신 탓에 얼큰하게 취해 있었다. 눈은 붉게 충혈되었고 작은 몸을 제대로 가누지도 못했다.

"한 잔 더!"

술집 주인은 못마땅한 표정을 지었지만 군말 없이 페론 앞에 놓인 술잔에 술을 따랐다. 술집 주인은 페론에게 밉보이면 봉변 당할 수 있다는 것을 알고 있었다. 페론은 제대로 술값을 낸 적도 없지만 술집 주인은 모른 척했다. 얼른 술집에서 나가 주기만을 바랄 뿐이었다. 페론은 술을 쭉 들이켰다.

"한 잔 더!"

"많이 드셨는데 집에 가셔야지요."

술집 주인은 눈치를 슬슬 보며 페론에게 말했다. 페론은 호탕하게 웃으며 술을 따르라고 손짓했다. 술집 주인은 말없이 술을 따랐다. 다시 단숨에 술을 들이켠 페론은 자리에서 일어났다. 비틀거리며 겨우 중심을 잡고 걷던 페론은 테이블에 앉아 있던 한 남자의 발을 밟고 미끄러지듯 자빠지고 말았다.

"어이쿠!"

페론과 남자의 입에서 동시에 비명이 터져 나왔다. 발을 밟힌 남자는 아픔을 참지 못하고 자리에서 벌떡 일어났다. 키가 크고 체구가 당당했다. 그에 비하면 페론의 몸은 왜소했다. 페론의 얼굴이 상대의 가슴께에 겨우 닿을 정도였다.

"아니, 이 아저씨가! 취했으면 들어가서 잠이나 잘 일이지, 에이!"

몸을 겨우 추스르고 바닥에 앉아 있는 페론의 얼굴이 더욱 붉어졌다. 페론은 화가 나면 얼굴부터 달아올랐다. 페론이 낮은 목소리로 중얼거렸다.

"뭐라고, 집에 가서 잠이나 자라고? 이 위대한 페론에게?"

"뭐라는 거야?"

발을 밟힌 남자는 재수가 없다는 듯 침을 퉤퉤 뱉었다. 맞은편에 있던 술집 주인은 불안한 표정으로 그 광경을 지켜보았다.

"침을 뱉어?"

페론이 다시 중얼거리며 서서히 몸을 일으켰다. 그리고 상대를 잡아먹을 듯이 노려보았다. 남자는 개의치 않는다는 표정으로 페론의 머리부터 발끝까지 훑었다. 페론이 일어서자 앉아 있는 남자와 키가 거의 비슷했다. 발을 밟힌 남자는 상대의 작은 체구를 보고 대꾸할 가치도 없다는 듯이 눈길을 돌렸다.

"어이, 형씨!"

페론은 시비라도 걸려는 듯이 삐딱한 표정으로 다가갔다.

"뭐요?"

"발을 걸었으면 사과를 해야 할 것 아냐?"

"내가? 발을 밟은 것은 당신이야. 당신이 사과를 해야지 내가 왜 사과를 하나?"

페론은 테이블 위에 한쪽 손을 얹고 상대를 빤히 쳐다보았다.

"뭘 보는 거요? 할 말 있소? 술을 많이 드신 모양인데 괜한 시비 걸지 말고 집으로 가쇼."

테이블에 앉아 있는 남자 또한 페론을 빤히 쳐다보며 말했다.

"당신이 잘못을 빌어야지. 사과를 받아야 집에 갈 거 아냐."

"몇 번을 말해. 당신이 내 발을 밟았다니까. 아직도 얼얼하네, 젠장."

"뭐, 젠장?"

그때 술집 주인이 끼어들었다.

"자, 자, 그만들 하세요. 아저씨가 좀 참으세요. 이 양반이 술에 취해서 그러는 거니까."

싸움은 말리고 흥정은 붙이라고 했지만 싸움은 말리면 더 커지기 마련이다.

"술을 마시면 곱게 마셔야지."

발을 밟힌 남자가 밖으로 나가려고 자리에서 일어났다. 그러자 페론이 그의 옷깃을 붙잡았다.

"사과하고 가야지."

술집 주인은 둘을 떼어 놓으려고 했다. 그러자 페론이 술집 주인에게 말했다.

"지난번에 여기서 술 마신 사람 몇몇이 배탈이 났는데, 무슨 약을 탄 거 아냐?"

술집 주인은 화들짝 놀라며 페론을 잡았던 손을 놓았다. 페론이 시비를 걸면 피하는 게 상책이었다. 술집 주인은 얼른 손을 닦고 주방으로 돌아갔다. 발을 밟힌 남자는 영문을 모르겠다는 표정으로 물끄러미 술집 주인의 뒷모습을 보았다.

"당신 말이야, 좀 수상해."

"당신이 내 발을 밟아 놓고 수상하다니? 그건 무슨 말이야?"

남자가 페론을 밀었다. 페론은 다시 바닥에 나뒹굴었다.

"어이쿠, 이놈이 사람을 치네."

남자는 개의치 않고 밖으로 나가려고 했다.

"당신, 마법사지?"

밖으로 나가려던 남자가 걸음을 멈추고 돌아섰다.

"무슨 근거로 내가 마법사라는 거요?"

"마법사들은 자기가 마법사라고 인정하지 않지, 흐흐흐."

남자는 어처구니가 없다는 듯이 물끄러미 페론의 얼굴을 보았다.

"악마한테서 힘을 얻어 키도 크고 힘도 센 것이겠지."

"그럼 당신은 신에게서 힘을 얻어 그렇게 작고 힘도 약한 거요?"

"이제 슬슬 자백하기 시작하는군. 신을 조롱하는 것이 당신이 마법사라는 증거야. 최근에 악마를 만난 건 언젠가?"

"별 미친놈을 다 보겠네."

"내가 미쳤다고? 이 페론이? 주인장, 내가 미친 사람인가, 아니면 위대한 페론인가?"

"스스로 위대하다고 하는 놈이 미친놈이지. 내가 마법사라는 증거가 있나?"

"증거? 얼마든지 있지. 주인장, 사람들을 불러오게. 종교재판소에도 연락하고."

술집 주인은 눈살을 찌푸리며 마지못해 밖으로 나갔다. 그러고는 얼마 후 몇몇 사람들과 함께 돌아왔다.

"당신들이 증인이 돼 주시오."

페론은 법정의 재판관처럼 엄숙한 말투로 말했다. 발을 밟힌 남자는 억울한 표정으로 사람들에게 말했다.

"이 사람이 다짜고짜 시비를 걸더니 급기야는 나더러 마법사라고 거짓말을 하고 있소."

"거짓인지 아닌지는 가려 보면 알 것이고."

한 남자가 페론에게 물었다.

"이 사람이 마법사라는 증거가 있소?"

페론은 사악한 표정으로 씩 웃었다. 그리고 주머니에서 뭔가를 꺼냈다. 칼이었다. 그 자리에 있던 사람들이 흠칫 놀랐다.

"아, 걱정하지 마시오. 이 칼은 사람을 해치는 칼이 아니에요. 이 칼은 마법사를 알아내는 신비한 칼이니까."

한 사람이 궁금하다는 듯이 물었다.

"칼이 마법사임을 알려 준단 거요?"

페론은 고개를 끄덕였다.

"마법사들과 마녀들은 칼에 찔려도 피가 나지 않아요. 악마의 힘이 그들의 몸을 보호해 주기 때문이오. 그래서 마법사와 마녀를 불에 태워 죽이는 거요. 빛과 불은 신의 힘이니까."

술집 주인과 함께 들어온 사람들은 호기심이 가득한 표정으로 칼과 마법사라고 지목된 남자를 번갈아 보았다. 남자는 어이가 없다는 표정을 지었다.

"잘 보시오."

페론은 칼을 들고 남자를 향해 걸어갔다. 남자는 손을 내밀며 방어 자세를 취했다.

"당신이 마법사가 아니라면 이 칼로 찔렀을 때 피가 날 거야.

하지만 마법사라면 피가 나지 않겠지."

"그 칼로 나를 찌르겠다는 거야?"

"만약 내 칼을 받지 않겠다면 당신은 스스로 마법사임을 인정하는 셈이야."

페론은 그렇게 말하고 주위를 둘러보았다. 사람들은 고개를 끄덕였다. 남자는 어쩔 줄 몰랐다. 칼에 찔리지 않으면 마법사가 될 것이고 칼에 찔리면 몸에 상처가 날 것이다. 진퇴양난이었다.

"어때? 칼에 찔리지 않고 종교재판을 받으러 갈 건가, 아니면 순순히 칼에 찔릴 텐가?"

남자는 악랄한 계략에 빠졌다는 것을 깨달은 듯 이맛살을 찌푸렸다.

"빨리 결정하게."

남자는 체념한 듯 팔을 내밀었다.

"좋소, 칼을 찌르시오. 다만 이 팔에 찌르시오."

페론은 사악한 웃음을 지었다.

"흐흐, 물론이지. 내가 당신의 배를 찌를 줄 알고 겁을 먹었나? 난 나쁜 사람이 아니야. 그저 시험을 해 보자는 거지."

페론은 칼을 높이 쳐들었다. 엷은 빛이 칼날에 부딪치며 반사되었다. 술집 안의 사람들은 모두 칼날을 바라보았다.

"으악!"

칼이 남자의 팔에 꽂혔다. 남자는 짧은 비명을 지르고 고통스러운 표정으로 팔을 감싸 안았다.

"이제 가겠소."

"가기는 어딜 간단 말이야. 그 손을 치워 봐."

페론은 득달같이 달려들어 남자의 손을 치웠다. 술집 안에 있는 사람들의 눈이 동그랗게 커졌다. 분명 페론이 있는 힘을 다해 칼로 남자를 내리쳤는데 아무런 상처가 없었다. 심지어 칼날이 스친 흔적조차 없었다. 옷도 멀쩡했다. 사람들은 서로 얼굴을 마주 보고 신기하다고 떠들었다.

"진짜 마법사인 모양이야. 분명 칼로 찌르는 것을 보았는데. 게다가 아프다고 소리도 질렀잖아."

"자, 보라고! 피는커녕 상처 하나 없잖아."

남자는 그제야 팔을 바라보았다. 페론의 말처럼 팔에는 통증만 조금 있을 뿐 그 어떤 흔적도 없었다.

"너는 마법사야. 이 사악한 놈! 칼에 찔리고도 상처를 입지 않은 걸 보면 악마의 힘을 갖고 있는 사악한 마법사가 틀림없어."

사람들은 페론의 말에 고개를 끄덕이고 남자를 포위했다. 마법사로 지목된 남자는 영문을 몰라 저항할 생각도 하지 못했다.

"어떻게 이럴 수가!"

그때 술집 문이 열리며 칼과 창을 든 군인들이 들어왔다. 페론은 군인들을 거느린 장교에게 깍듯이 인사한 뒤 의기양양하게 소리쳤다.

"이쪽입니다."

"이 사람이 마법사인가?"

장교가 페론을 바라보며 물었다.

"여기 있는 사람들이 모두 보았습니다. 저놈이 악마의 힘을 갖고 있다는 걸 말이지요. 칼에 찔려도 멀쩡합니다. 자네들도 직접 본 것을 말씀드리게."

사람들은 고개를 끄덕이며 자기들이 목격한 놀라운 일에 대해 떠들어 댔다. 군인들은 곧바로 마법사로 지목된 남자를 묶어서 데리고 갔다.

"난 마법사가 아니야!"

밖으로 끌려가며 남자가 외쳤다.

"마법사들은 저렇게 끝까지 자기가 마법사가 아니라고 우기지. 그러나 고문이 시작되면 곧바로 자기가 마법사라는 것을 인정해. 사악한 놈들."

"당신은 정말 대단하군. 정체를 숨긴 마법사를 찾아내다니."

장교의 감탄에 페론은 어깨를 으쓱였다. 다만 처음부터 모든 것을 지켜본 술집 주인은 미심쩍은 표정으로 페론을 보았다. 그러다가 페론과 눈이 마주치자 움찔했다.

"한잔 주게. 목이 컬컬하군."

술집 주인은 잽싸게 주방으로 달려가 술을 내왔다. 페론은 술을 단번에 들이켜고는 밖으로 나갔다. 술집 주인은 "휴!" 하고 깊은 숨을 내쉬었다. 안도와 불만이 섞인 한숨이었다. 페론이 오늘도 술값을 내지 않고 그냥 갔다. 그러나 감히 술값을 달라고 할 배짱은 없었다.

다음 날 오전, 페론은 고문실로 갔다. 어제 고발한 남자의 상태를 확인하고 며칠 전에 고발한 여자가 자신이 마녀라는 것을 자백했는지 확인할 참이었다. 그러나 가장 중요한 목적은 보상금이었다. 페론이 열심히 마녀를 찾아다니는 것은 남과 겨뤄서 이기기를 좋아하는 마음에서이기도 했지만 돈도 중요했다. 아들

미키에게 좋은 음식을 먹이고 싶었다.

마법사와 마녀는 모두 네 종류로 구별되었다. 첫째는 독이나 자연의 수단을 활용해서 다른 사람들을 해치거나 죽이려는 사람, 둘째는 마법의 주문과 기술을 활용해서 다른 사람을 해치려는 사람, 셋째는 악마와 계약을 맺고 악마의 도움을 받는 사람, 넷째는 악마와 개인적으로 교류하는 사람이 마법사이거나 마녀였다. 고문하는 목적은 먼저 마법사와 마녀임을 자백하게 하고 위의 네 가지 가운데 어디에 속하는지를 알아내기 위해서였다.

"자네 왔나?"

고문실의 고문 집행관인 터너가 페론을 보고 아는 체를 했다. 페론은 공손하게 모자를 벗고 비굴한 표정으로 인사했다.

"마침 잘 왔어. 며칠 전에 자네가 고발한 여자를 만나려던 참이야. 자네도 함께 가지."

터너는 고문하는 것을 두고 '만난다'는 표현을 썼다. 누군가를 만나러 간다는 것은 고문하러 간다는 뜻이었다. 페론은 물론 그 의미를 알고 있었다. 페론은 내키지 않았지만 날렵하게 고문실로 가는 문으로 향했다. 그 모습을 본 터너는 흐뭇하다는 듯이 웃음을 짓고는 페론의 뒤를 따라 천천히 걸었다.

고문실의 문을 열자 역한 냄새가 코를 찔렀다. 피와 배설물이 뒤섞인 악취가 짙게 풍겼다. 그 주변에는 죽음이라는 암울한 그림자가 떠돌고 있었다.

'이 냄새는 아무리 맡아도 익숙해지지 않아.'

페론은 속이 울렁거려 코를 막고 싶었지만, 그랬다가는 터너가 싫어할 것을 알기에 억지로 참았다. 예전에 참지 못하고 코를 막자 터너가 경멸하는 투로 이렇게 말했다.

"자네는 사내답지 못하군. 하기는 마녀들도 여기만 들어오면 울고불고 난리를 치지."

그 이후 페론은 가급적 고문실에 들어가지 않으려 했고, 오늘처럼 어쩔 수 없이 들어오게 되면 이를 악물고 참았다.

'오늘도 지옥과 같은 하루가 되겠지.'

터너는 지옥에서 온 악령과 같은 웃음을 지으며 고문 도구들을 점검했다. 그러고는 자기를 흘낏거리며 보고 있는 페론에게 손짓을 하며 말했다.

"자네는 옆방으로 가서 어제 들어온 여자를 데리고 오게. 임신한 여자가 있을 거야."

페론은 옆방으로 가면서 그 여자에 대해 기억을 더듬었다. 그 여자는 악마의 아이를 임신했다는 죄목으로 고발되어 끌려온 여자였다.

페론은 구석에 쓰러진 듯이 누워 있는 여자를 끌어 일으켰다.

"뇌, 나는 아무 죄가 없어. 난 마녀가 아니야."

"누구나 그렇게 말하지."

페론이 건조한 목소리로 말했다. 그러고는 여자의 팔목을 잡아 비틀어 일으켜 세웠다.

"난 가톨릭 신자란 말이야. 난 마녀가 아니야."

여자는 페론을 향해 악을 쓰듯이 말했다.

"아직 상황이 잘 파악되지 않는 모양인데 내가 충고 하나 하지. 지금 마녀라고 고백하고 죽는 게 나을 거야. 어차피 고문을 당하면 저절로 마녀라고 고백하게 될 테니까. 괜히 고생하지 말고 편하게 죽으라고."

여자는 페론을 노려보며 말했다.

"그건 당신들이 생사람을 잡아서 고문으로 억지 자백을 하게 만들려는 거잖아. 역겨운 놈들!"

여자는 페론을 향해 침을 뱉었다. 페론은 아무렇지 않다는 듯이 소매로 얼굴에 묻은 침을 쓱 닦아 낸 뒤, 여자의 손목을 거칠게 잡아끌고 밖으로 나왔다. 그러자 여자는 태도를 바꾸어 애원했다.

"난 아이를 가졌어요. 그러니 제발 살려 주세요."

"혼자 사는 여자가 아이를 뱄으니 그건 분명 악마의 아이일 거야. 마녀의 집회에 간 적 있지?"

여자는 어처구니없다는 듯이 페론을 보았다.

"그런 일 없어요."

"고문해 보면 알겠지."

페론은 고문실로 들어가는 문을 열었다. 악취가 확 풍겼다. 페론은 자기도 모르게 고개를 옆으로 돌렸다. 그러고는 곧 여자를 앞으로 떠밀었다. 여자는 악취를 못 참겠는지 얼른 코를 감싸 쥐었다.

"이쪽으로 끌고 와!"

터너가 여자를 묶을 끈을 들고 소리쳤다.

"살려 주세요. 제발 살려 주세요."

여자는 페론의 손을 잡고 매달렸다. 페론은 터너가 있는 곳으로 여자를 끌고 갔다.

"거기 눕히게."

터너의 지시에 따라 페론이 여자에게 명령했다.

"여기 누워."

여자는 몸을 부들부들 떨기만 했다.

"여기 누우라니까!"

페론이 위압적으로 여자에게 한 번 더 명령했다. 여자는 분위기에 압도되었는지 순순히 고문대로 올라가 천장을 향해 누웠다. 그러자 갑자기 터너가 나타나 여자의 팔과 다리를 고문대 위에 묶었다.

"제발 살려 주세요. 무엇이든 할게요. 살려만 주세요."

"내가 원하는 것은 하나야. 네가 마녀라는 것을 인정하면 아무 일 없이 끝낼 수 있어. 어때, 고백할 마음이 생겼나?"

"난 마녀가 아니에요. 난 가톨릭 신자예요. 제발 살려 주세요. 신의 이름으로 자비를 베풀어 주세요."

그러자 터너가 페론을 보고 웃으며 말했다.

"지금껏 순순히 마녀라고 고백한 사람도 없었지만, 일주일 안에 마녀가 아니라고 말한 사람도 없었지, 흐흐."

터너가 여자의 뺨을 갈겼다.

"아악!"

여자의 비명 소리가 고문실에 울려 퍼졌다.

"마녀가 아니라고? 좋아, 언제까지 버티나 보자고."

터너는 탁자 위에 놓여 있는 몽둥이를 들고 왔다. 곧이어 허공으로 치솟은 터너의 몽둥이가 여자의 다리 위로 떨어졌다. 아까보다 더 큰 비명 소리가 고문실 안을 가득 채웠다. 페론은 눈살을 찌푸렸다. 처음부터 세게 고문을 하면 빨리 끝날 텐데 터너는 맛있는 음식을 아껴 먹듯 처음에는 약한 고문으로 시작해 조금씩 강도를 높였다. 페론은 그게 못마땅했다.

'앞으로 비명 소리를 얼마나 더 들어야 끝이 날까?'

터너가 구타하는 소리와 여자의 비명 소리가 합주라도 하듯이 번갈아 가며 연이어 울려 퍼졌다.

"살려 주세요. 때리지 마세요."

페론이 보기에 아직 본격적인 고문은 시작도 하지 않았다.

"얼른 자백을 하라니까."

터너는 말은 그렇게 했지만 막상 여자가 자백을 하면 실망할게 뻔했다. 터너는 고문을 좋아하는 고문 기술자였다. 그러니 너무 쉽게 포기하고 자백을 하면 화를 낼지도 몰랐다. 다행히 여자는 버텼다.

"난 가톨릭 신자예요. 신을 믿는다고요. 내 몸속에 아기가 있어요. 제발 살려 주세요."

"난 고문을 할 뿐 죽이진 않아. 너를 화형에 처하는 것은 재판관 나리들이지. 너무 걱정하지 마. 죽이지 않을 테니까."

"안 돼! 살려 주세요!"

여자가 그렇게 소리를 친 건 터너가 가위를 들고 왔기 때문이었다. 터너는 여자의 머리카락을 움켜쥐고 가위로 머리카락을 잘랐다. 그러고는 머리 위에 브랜디를 붓고 불을 붙였다. 머리에 불길이 확 일었다. 불은 금방 꺼졌지만 머리카락 타는 냄새와 여자의 비명이 뒤섞여 아수라장이 따로 없었다. 아마도 여자는 머리에 화상을 입었을 터였다.

터너는 여자의 머리 위에 찬물을 끼얹었다. 강한 충격에 정신을 잃었던 여자의 의식이 희미하게 돌아왔다. 여자가 낮게 신음소리를 냈다.

"이제 고백할 마음이 생겼나?"

"난 마녀가 아니야. 내 마음속엔 신이 있단 말이야."

여자가 낮은 목소리로 말했다. 터너는 그럴 줄 알았다는 듯이 여자의 두 손목을 밧줄로 묶은 뒤 드르래를 이용해 위로 들려 올렸다가 내렸다. 여자의 몸은 쿵 소리를 내며 고문대 위로 떨어졌다. 여자는 정신을 잃은 듯했다. 터너는 아랑곳하지 않고 몇 차례 같은 행동을 되풀이했다. 터너가 여자의 얼굴 위로 물을 뿌렸지만 여자는 좀처럼 정신을 차리지 못했다.

"완전히 갔는데."

"잠깐 쉬시죠."

페론은 밖으로 나가고 싶었다.

"그럴까."

밖으로 나온 페론과 터너는 술을 한잔 마시며 페론의 아내가 싸 준 음식을 나누어 먹었다. 페론은 그쯤에서 집으로 돌아갈 생각이었다. 그러나 터너가 그를 놔주지 않았다.

"이제부터는 자네가 날 도와줘야 해."

그들이 고문실로 갔을 때 여자는 의식이 돌아와 있었다.

"어때, 이제 고백할 마음이 생겼나?"

여자는 고개를 절레절레 흔들었다.

"그래, 그래야지."

페론은 터너가 시키는 대로 무거운 물건을 여자의 가슴 위에 올려놓았다. 여자는 숨이 가빠졌다.

"이러다가 죽겠어요."

"그 정도로 죽지 않아."

터너는 대수롭지 않은 투로 말하고 나서 이번에는 무거운 돌덩어리를 여자의 두 다리 위에 얹었다. 여자는 소리도 지르지 못하고 낮은 신음 소리만 흘렸다.

여자가 다시 기절을 하자 터너는 여자의 몸 위에 얹었던 돌덩어리를 내려놓고 얼굴에 물을 확 끼얹었다. 여러 차례 같은 일을 반복했다. 그래도 여자는 자기가 마녀가 아니라고 버텼다.

"상체를 일으켜 세우게."

폐론이 여자의 몸을 일으켜 세우자 터너는 여자의 등을 채찍으로 때렸다.

"난 마녀가 아니야!"

여자는 채찍 소리만큼이나 날카롭게 소리쳤다. 그리고 고통을 이기지 못하고 다시 기절했다. 여자의 고개가 축 늘어졌다.

"꽤 독한 년이군."

얼마 후 여자가 다시 정신을 차리자 터너는 흥분한 목소리로 말했다.

"이제 시작일 뿐이야. 나는 네가 자백할 때까지 열흘이고 한 달이고, 아니 일 년도 기다려 줄 수 있어. 너는 여기서 절대로 나가지 못해. 하지만 네가 자백을 한다면 곧바로 나갈 수 있지. 재판을 받고 불에 타 죽겠지만."

터너는 마지막 선물이라는 듯이 거칠게 여자의 얼굴을 때렸다.

"폐론, 방으로 데리고 가게."

폐론은 얼른 여자를 고문대에서 내려 잡아끌고 고문실을 빠져나갔다. 여자는 잘 걷지 못해 페론이 거의 끌다시피 해서 걸어갔다. 여자를 방에 밀어 넣었을 때 여자의 다리 사이로 피가 흘러내리는 것이 보였다. 페론은 흠칫 놀랐지만 애써 못 본 척하고 돌아섰다.

미키는 아버지의 얼굴이 편하지 않은 것을 느꼈다. 아버지는 늘 집에 돌아오면 미키에게 그날 있었던 일에 대해 말해 주었다. 마녀나 마법사를 찾아내는 이야기는 언제 들어도 재미있었다. 특히 칼을 찔러 보아서 마녀나 마법사를 감별하는 이야기는 긴장감이 넘쳤다. 날카로운 칼로 찔렀는데 피 한 방울 나지 않는 마법사와 마녀들! 미키는 아버지의 칼을 여러 차례 본 적이 있었다. 아버지가 절대 만지지 못하게 해서 만져 보지는 못했지만 아주 날카롭고 예리해 보이는 칼이었다.

미키는 밤에 잠들기 전에 칼로 마녀와 마법사를 찌르는 상상을 하며 짜릿한 전율을 느꼈다. 그리고 아버지가 키도 작고 덩치도 볼품이 없지만 악마와 계약해서 힘이 세고 덩치도 큰 마녀나 마법사를 제압하고 고발하는 것처럼 자기도 위대한 마녀사냥꾼이 되겠다고 꿈꾸며 잠이 들었다. 미키의 손에는 언젠가 아버지가 마녀로 고발한 사람에게서 빼앗은 목걸이가 쥐어 있었다. 두 마리의 물고기가 서로의 꼬리를 쫓아가듯이 새겨져 있고 바깥에 작은 원이 빼곡하게 새겨져 있는 목걸이였다.

며칠 후 미키의 가족이 아침을 먹고 있을 때였다. 갑자기 누군가 문을 세게 두들겼다.

"페론! 문을 열어 보게."

페론이 문을 열자 낯익은 얼굴이 보였다. 마녀재판소에서 일하는 밀러였다. 밀러는 겸연쩍은 표정으로 페론에게 말했다.

"우리와 함께 가야겠어."

"제게 무슨 시키실 일이라도?"

"아냐, 그런 게 아니라 사실 자네가 마법사라는 고발이 있었네."

페론은 얼른 등 뒤로 문을 닫았다.

"아니, 내가 마법사라고요? 내가 그렇지 않다는 건 나리들도 잘 아시지 않습니까?"

"잘 알지. 그런데 자네가 며칠 전에 술집에서 고발했던 사람이 마법사가 아니라는 사실이 밝혀졌고 그분이 오히려 자네가 마법사라고 고발했지 뭔가."

"그럴 리가……. 그 남자가 마법사라는 것을 본 증인도 여럿 있는걸요."

"아, 그 칼 말인가?"

그 순간 페론은 가슴이 철렁했다. 페론은 대답하지 않고 고개를 끄덕였다.

"그 부분이 이상하지만, 아무튼 그분이 마법사가 아니라는 것이 밝혀졌고 자네가 마법사라고 고발되었으니 우리와 함께 가야 해."

"그런데 그분이라뇨?"

"자네가 고발한 그분은 재판관님과 친한 친구 사이로 과학자라네. 우리가 자네를 변호하기 위해 자네가 수많은 마법사와 마녀를 고발한 훌륭한 사람이라고 말해 주었지. 그러자 화를 벌컥 내면서 오히려 자네를 고발한 거야. 우리도 그 까닭을 모르겠어. 어쨌든 재판관님이 자네를 끌고 오라고 했으니 따를 수밖에."

페론은 뭔가가 잘못됐다는 것을 느꼈지만 그것이 무엇인지는 알 수 없었다. 정체를 알 수 없는 막연하고도 묵직한 불안감이 엄습해왔다.

"잠깐 가족들 얼굴을 보고 가도 되겠습니까?"

밀러는 당연하다는 듯이 고개를 끄덕였다. 페론은 안으로 들어가 문을 닫았다. 마법사로 고발당한다는 것이 무엇을 의미하는지 누구보다 잘 알고 있었다. 눈물이 쏟아질 듯했지만 애써 참고 미키와 아내를 바라보았다. 미키와 아내는 어리둥절한 표정으로 물었다.

"무슨 일이에요?"

"별일 아니야. 잠깐 다녀올 거야."

페론은 미키의 목에 걸려 있는 목걸이를 보았다.

"잘될 거야."

페론은 혼잣말을 하듯 낮게 중얼거렸다.

'그래, 잘될 거야. 내 이야기를 들으면 이해해 주겠지. 내가 마법사가 아니라는 건 모두가 알고 있으니까.'

페론은 혼란스러움을 떨쳐 내려고 애써 웃음을 지었다. 그리고 몸을 돌려 밖으로 나갔다. 페론은 밀러를 향해서도 가벼운 웃음을 지어 보였다. 밀러도 별일 아니라는 듯이 마주 웃었다.

밀러가 페론을 데리고 간 곳은 마녀재판관의 집무실이었다. 페론도 처음 와 보는 곳이었다. 페론의 가슴은 다시 거칠게 뛰기 시작했다. 페론은 잔뜩 주눅 든 표정으로 재판관의 집무실로 들어섰다. 집무실에는 재판관과 지난번 술집에서 페론이 마법사로 고발했던 사내가 함께 앉아 있었다.

"자네가 그 페론인가?"

"많은 마녀와 마법사를 찾아낸 그 페론입니다."

옆에서 밀러가 페론을 변호하듯 말했다.

"그 칼을 꺼내 보게."

페론의 가슴은 북을 치듯 큰 소리를 내며 뛰었다.

"뭐 해, 어서 칼을 꺼내지 않고."

페론은 주저하며 주머니에서 칼을 꺼냈다. 칼이 빛을 받아 순간적으로 날카롭게 반짝였다.

"이리 주게."

마법사로 고발당했던 사내가 그 칼을 페론에게서 받아 쥐었다. 그 사내는 재판관을 향해 말했다.

"잘 보게."

그리고 천천히 자기 손바닥을 향해 칼을 찔렀다. 칼끝이 사내의 손바닥에 닿자 칼날이 사라졌다. 사내는 칼을 빼낸 뒤 손바닥을 방 안에 있는 사람들에게 보여 주었다. 칼에 찔린 흔적이 전혀 없었다. 물론 피도 흐르지 않았다.

"잘 봤는가?"

재판관은 미심쩍은 표정으로 칼과 사내의 얼굴을 번갈아 보았다. 밀러도 놀란 표정으로 칼과 사내의 얼굴을 보았다. 페론은 고개를 푹 숙였다.

"잘 보게."

사내는 다시 아주 천천히 칼날을 손바닥을 향해 찔렀다. 그러자 칼날이 칼자루 속으로 밀려 들어가는 것이 보였다.

"마법인가?"

재판관이 물었다.

"아니, 과학이지."

사내가 웃으며 대답했다.

"이 칼자루에는 용수철이 들어 있네. 그래서 칼을 찌르면 칼날이 안으로 밀려 들어가는 거지. 그러니 칼에 찔린 사람은 조금 아프긴 하지만 상처를 입지 않는 거라네. 마법이 아니라 과학이야. 나도 처음에는 몰랐지. 그런데 곰곰이 생각해 보니 그 방법밖에 없더군."

"그럴 수가!"

"저 사내가 워낙 재빠르게 칼을 찔렀기 때문에 아무도 알아차리지 못했던 걸세."

재판관은 친구에게서 칼을 받아 자기의 몸을 찔러 댔다. 그때마다 칼날은 용수철 장치 때문에 칼자루 안으로 밀려 들어갔고 아무런 상처도 입지 않았다.

"신기하군. 이걸로 지금까지 마녀와 마법사를 찾아냈단 말이지. 이 친구가 마법사면 나도 마법사겠네."

페론은 절망스러워 자기도 모르게 두 손으로 머리를 감싸 쥐었다. 언젠가는 용수철 칼의 비밀이 밝혀질 것이라 생각했지만 이렇게 절망적인 상황에서 밝혀질 줄은 상상도 하지 못했다.

재판관이 성난 목소리로 말했다.

"밀러, 저놈을 터너에게 넘기게."

"나리, 저는 마법사가 아닙니다."

페론은 간절한 표정으로 밀러를 보았지만, 밀러는 페론의 시선을 외면했다.

"저는 마법사도 마녀도 아니에요. 그저 키가 작고 못생겼다고 놀림받는 게 분해서……."

페론은 목이 메어 말을 잇지 못했다.

"그게 아니라 악마의 명령에 따라 죄 없는 사람들을 죽이려고 했던 거겠지."

재판관의 싸늘한 시선이 페론의 얼굴에 꽂혔다.

"아닙니다. 저는 악마를 만난 적이 없어요."

"그거야 터너가 밝혀 주겠지. 마녀가 처음부터 자기가 마녀라고 실토한 적은 한 번도 없었어. 그렇지만 고문을 하면 순순히 털어놓게 되지."

페론은 터너의 고문실을 떠올렸다. 피와 배설물이 뒤섞인 악취가 머리 위로 쏟아져 내리는 듯했다. 며칠 전 임신한 여자를 잔혹하게 고문하며 웃던 터너의 얼굴도 떠올랐다. 페론은 그 고문을 이겨 낼 자신이 없었다. 페론이 그 여자에게 말했던 것처럼 어차피 죽을 거, 고통스러운 고문을 받지 않고 죽는 게 나을 수도 있었다.

"나리, 사실 제가 마법사입니다. 제발 터너의 고문실로 보내지 말아 주세요. 모든 것을 말하겠습니다."

재판관은 미소를 지었다.

"그래, 그래야지. 악마는 언제 만났나?"

페론은 자기가 아는 것을 모두 동원해서 거짓말을 꾸며 댔다.

마녀들의 집회에도 참석한 적이 있고 악마의 엉덩이에 키스했다는 것까지 주워 삼켰다. 페론이 마법사로 고발했던 과학자는 측은한 표정으로 페론을 보았다. 페론이 거짓말하고 있다는 것은 누가 보아도 알 수 있었다.

"고문실이 끔찍한 모양이지?"

과학자가 재판관에게 물었다.

"좀 심하다고 하더군."

과학자와 재판관은 서로를 바라보았다. 재판관도 페론이 거짓말하는 것을 눈치챘지만 그를 동정하기에는 그의 거짓 고발로 죽은 사람이 너무 많았다. 페론은 어떤 형태로든 벌을 받아야 했다. 어쩌면 스스로 마법사가 되어 죽는 것으로 죗값을 치르는 편이 가장 나을 수도 있겠다는 생각이 들었다.

"밀러, 자네가 저 사람을 데리고 가서 조서를 꾸미게. 순순히 자백을 했으니 고문실로 보낼 필요는 없겠지."

"나리, 감사합니다. 정말로 감사합니다."

페론은 거듭 머리를 조아리며 말했다. 페론의 작은 키가 더욱 작아 보였다.

아버지가 마법사였다니!

미키는 하늘이 무너져 내리는 것 같았다. 믿을 수가 없었다. 소식을 알려 준 사람은 밀러였다.

"네 아버지가 스스로 자백했어. 악마의 명령을 받고 죄 없는 사람들을 고발해서 마법사나 마녀로 몰아 죽였다고. 너도 잘 알겠지만 마법사의 가장 큰 역할은 남을 해치는 것이니까."

"그럴 리가 없어요. 마법사들은 아버지의 칼을 맞고도 아무렇지 않았잖아요? 그게 마법사라는 증거예요."

"페론도 그 칼에 찔렸지만 아무런 상처도 입지 않았어, 하하. 아니, 상처를 입을 수가 없었지. 나도 네 아버지가 마법사가 아니라고 생각하지만 페론이 자백을 했단다. 그래, 나였어도 고문실로 가기보다는 자백하고 말았을 거야."

미키는 밀러의 말을 알아들을 수가 없었다.

"아, 그 칼 말이냐? 그 칼은 사람을 찔러도 상처를 입힐 수 없는 칼이었어. 안에 용수철이 들어 있었거든. 하필이면 과학자를 마법사로 고발해서, 쯧쯧."

미키는 칼의 비밀을 알고 큰 충격을 받았다. 자기의 영웅이었던 아버지가 사기꾼에 불과했다니, 마법사였다니. 미키는 다리에 힘이 풀려서 그 자리에 주저앉고 말았다.

"곧 화형에 처할 테니까 그 전에 한 번 재판소 감옥에 찾아오너라. 아버지를 만나게 해 줄 테니."

밀러는 그 말을 남기고 사라졌다.

미키는 어찌해야 좋을지 몰랐다. 세상이 뒤집힌 듯했다. 미키는 그날 밤 잠을 이룰 수가 없었다. 이런저런 생각을 하며 뒤척거렸다. 거의 뜬눈으로 밤을 지새운 미키는 아침 일찍 재판소의 감옥으로 갔다.

아버지는 초라한 모습이었다. 하루 사이에 10년은 늙은 것처럼 보였다. 며칠 전의 당당하고 위대한 모습이 아니었다.

"미키야, 미안하구나. 너는 나처럼 거짓말을 하고 살면 안 된다. 훌륭한 사람이 되어야 한다."

페론의 목소리는 힘이 없었다. 페론은 허공을 바라보며 한숨을 쉬었다. 미키는 아무 말도 하지 못했다. 밤새도록 많은 생각을 했지만 굵은 눈물만 뚝뚝 흘렸다. 미키는 손등으로 눈물을 닦고 울먹이며 말했다.

"아버지는 정말 마법사인가요?"

페론은 고개를 저었다.

"내가 마법사와 마녀를 고발한 것처럼 누구나 마녀가 될 수 있단다. 힘이 없고 약하면 누구나 마녀가 될 수 있지. 힘이 있어야 해."

페론은 스스로에게 말하듯이 말했다. 그러고는 미키의 목에 걸려 있는 목걸이를 보며 말했다.

"그 목걸이를 갖고 있던 소년도 너랑 비슷한 나이였는데. 내 기억이 맞다면 이탈리아에서 온 아이였지. 그 아이의 아버지가 내게 걸렸는데 돈도 주고 그 목걸이도 주어서 내가 눈감아 주었지. 목걸이를 보았을 때 네가 생각났거든. 그래서 달라고 했지."

"그럼 그 아이는 죽지 않았겠네요?"

페론이 고개를 끄덕였다. 미키는 다행이라고 생각했다.

"이제 가 보거라. 다시 오지도 말고."

페론은 손을 내저었다. 미키는 다시는 보지 못할 아버지의 얼굴을 오랫동안 바라보았다. 그리고 천천히 돌아서서 밖으로 나왔다. 밖에는 옅은 안개비가 내리고 있었다.

아버지가 죽은 뒤로 오랫동안 방황하던 미키는 선원이 되어 영국을 떠났다. 미키는 동양과 해상무역을 하는 동인도 회사에 소속되었다가 인도에 정착했다.

마녀사냥의 논리
선악의 이분법

마녀사냥의 교과서라 불리는 『마녀의 망치』를 쓴 크라머는 여자에 대한 지독한 편견과 자기만이 옳다는 생각을 가진 편협한 사람이었다. 또한 자기가 옳다고 생각하는 것을 위해 고문이나 위조를 서슴지 않는 폭력적인 성향을 지닌 사람이기도 했다. 이런 성향이 지나치게 나타나는 사람을 사이코패스라고 부른다.

한편 미키의 아버지 페론은 역사에 기록이 남아 있는 실존 인물로, 수많은 사람들을 마녀로 고발해서 사람들에게 공포를 주고 권력을 얻었다. 또한 고문 집행관 터너는 잔혹한 고문을 가해 사람들이 스스로 마녀라고 거짓 자백을 하게 만들었다.

크라머와 페론, 터너의 공통점은 자기가 하고 있는 일이 옳다고 믿었다는 점이다. 세상을 선과 악으로 나누고 스스로 선의 편에 있다고 믿었다. 그래서 사악한 무리를 적발하고 처단하는 것이 당연하고 마땅히 해야 할 일이라고 생각했다.

그런데 이런 생각과 믿음의 근거는 어디에서 온 것일까?

우리는 늘 옳고 그름에 대한 판단을 내리며 살아간다. 이때 무엇이 옳고 그른지에 대한 판단 기준은 무엇일까? 또 그 기준은 누가 정하는 것일까? 그 기원을 찾기 위해서는 멀리 고대 페르시아로 여행을 해야 한다. 고대 페르시아로 가기 전에 먼저 여러 혁명들에 대해 살펴보자.

인류의 삶은 어떻게 변화해 왔을까? 한 걸음 한 걸음 층층 계단을 올라가듯이 차근차근 변화해 왔을까, 아니면 한동안 변화가 없다가 아주 드물게 강력한 폭탄이 터지듯 큰 변화가 일어났을까? 결론부터 말하면 인류의 삶은 드물게, 그것도 아주 드물게 일어난 이른바 '혁명'이라고 불리는 것에 의해 크게 바뀌고 변화했다.

혁명은 핵폭탄처럼 어마어마한 폭발력을 지닌 것도 있고, 수류탄처럼 작은 폭발력을 지닌 것도 있었다. 핵폭탄과 같은 위력을 지녔던 혁명을 꼽는다면 인류가 정착해서 농사를 짓기 시작하게 된 신석기 시대의 '농업혁명', 오늘날 우리를 지배하는 자본주의를 잉태했던 18세기의 '산업혁명', 인터넷과 스마트폰으로 대표되는 현대의 '기술혁명' 정도이다.

자주 일어나지는 않았지만 이런 혁명이 발생할 때마다 인류의 삶은 과거에 견주어 상전벽해(桑田碧海), 곧 뽕나무밭이 푸른 바다로 변했다는 말처럼 엄청난 변화를 경험했다.

한편 잘 알려져 있지 않지만 농업혁명이나 산업혁명에 비견되는, 어쩌면 더욱 강력한 폭발력을 지니고 있는 혁명으로 '생각의 혁명'이 있었다. 널리 알려진 것처럼 인류가 다른 생물과 구별되는 가장 큰 차이점으로 생각, 즉 사고의 힘을 꼽는다면 이 생각의 혁명은 인류의 삶에 가공할 영향력을 미친 것이었다.

생각의 혁명은 공식적으로 페르시아(현재의 이란)의 종교에서 비롯했다. 세계에서 최초의 제국을 건설한 페르시아는 조로아스터교(자라투스트라교)라는 종교를 제국의 이념으로 삼았다.

이념은 상상의 산물이지만 사람들을 하나로 묶는 고리 역할을 한다. 가족이라는 공동체는 조상이나 사랑을 이념으로 삼는데, 그것을 조상숭배나 가족주의라고 한다. 이렇게 사상이나 무슨무슨 주의라고 부르는 것이 바로 이념이다. 예를 들면 민주주의라는 이념은 백성이 주인이라는 생각을 토대로 사회나 국가가 형성되어 있음을 의미한다. 따라서 사람들이 무리를 이룬 작은 동아리부터 회사나 국가 등은 구성원들을 하나로 묶는 이념을 반드시 필요로 한다. 거칠게 표현하면 우리의 몸을 움직이려면 정신이 필요한 것에 비유할 수 있다. 몸만 있다면 영혼이 없는 좀비가 되고 말 것이다.

신라가 불교를 받아들여서 사람들의 마음을 하나로 묶어 삼국을 통일했던 것처럼 페르시아가 세계 최초로 제국을 세울 수 있었던 것은 조로아스터교라는 종교가 있었기에 가능했다. 그러니까 조로아스터교는 페르시아 제국을 지배하는 이념이었다.

그런데 조로아스터교는 '선악의 이분법'이라는 예전에 없던 생각을 만들어 냈다. 선악의 이분법은 간단하게 말해서 세상을 둘로 구별하여 하나는 선의 세력, 다른 한쪽은 악의 세력으로 규정하는 생각이다. 곧 세상은 선한 신과 악한 악마가 있듯이 둘로 구분되며, 하나는 선이고 나머지 하나는 악이라는 이분법적 사고이다.

물론 둘로 나누어 생각하는 것은 예부터 있었던 인류의 오래되고 가장 근원적인 상상의 원리 가운데 하나이다. 사람을 남자와 여자로 나누고, 하루를 밤과 낮으로 나누고, 세상을 하늘과 땅으로 나누면 사람과 하루, 세상을 각각 더 또렷하게 이해할 수 있다. 그런데 선악의 이분법은 여기서 한 걸음 나아가 둘로 나눈 다음에 하나는 선, 다른 하나를 악으로 규정하는 것에서 출발한다. 옳고 그름, 좋고 싫음의 가치는 여기에서 기원했다.

한때 많이 쓰였던 말 가운데 '악의 축'이라는 표현이 있었다. 미국이 북한이나 이슬람을 가리킬 때 종종 사용했던 표현이다. 이 말에는 이미 미국은 선이라는 의미가 전제되어 있다. 즉, 자기들은 선하기 때문에 악을 규탄하고 응징해야 한다는 논리가 성립된다. 마녀사냥의 논리와 비슷하지 않은가?

선악의 이분법을 활용하면 누군가를 악마 또는 악한 사람들로 규정하고 스스로를 선하다고 생각하면서 자기들이 속한 사회나 공동체를 단결시키는 효과를 얻을 수 있다. 그래서 예부터 바다나 산 너머에 사는 다른 사람들을 사악한 악마나 괴물로 여기는 경우가 많았다.

신화를 비롯한 이야기에 등장하는 많은 괴물들은 이렇게 태어났다. 곧

바깥세상은 위험하고 사악한 곳이라는 생각에는 자기들이 사는 세상은 안전하고 선한 곳이라는 인식이 이미 전제되어 있다. 이런 이분법적 생각을 통해서 다른 사람들과 구별하고 마을의 단합을 도모했던 것이다.

이렇게 선과 악 또는 정상과 비정상, 옳고 그름 등으로 구별하게 되면 반드시 차별이 생겨난다. 우리가 알고 있는 남녀 차별부터 시작해서 인종 차별, 종교 차별을 비롯한 소수자에 대한 수많은 차별이 이렇게 생겨났다. 오늘날 우리 주변에서 일어나는 많은 비극적인 사건들도 이런 구별에 이은 차별에서 비롯되었다.

구별은 당연한 것이지만 그에 따르는 차별은 경계해야 한다. 남자와 여자는 서로 구별되지만 어느 한쪽이 차별을 받아서는 안 된다. 신체가 부자유스러운 사회적 약자도 구별되어 보호를 받아야지 차별을 받아서는 안 된다. 또한 서로 종교가 다르고 피부 색깔이 다른 사람들도 틀린 사람이 아니라 서로 존중해야 할 '다른' 사람이다.

하지만 실제 세상에서는 남자가 여자를 차별하거나 생각이 다른 사람을 틀리다고 지적하고 불이익을 주는 일이 흔히 일어난다. 너무 흔하다 보니 이런 차별을 당연한 것으로 받아들이는 사람들도 많아지고 있다. 중세의 비극인 마녀사냥도 이런 선악의 이분법에 따른 구별과 차별에 의해 발생했다. 이와 유사한 비극이 인류의 역사에서 끊임없이 일어났고, 지금도 발생하고 있다.

다섯 번째 이야기

1923년 일본,
아야코

"드르륵, 쿵!"

집이 갑자기 흔들리면서 방에 있던 책장이 쓰러졌다. 책상에
앉아서 책을 읽고 있던 아야코는 영문을 모른 채 자리에서 벌떡
일어나 멍하니 서 있었다. 방이 계속 거칠게 흔들렸다. 책상 위
에 놓여 있던 화병이 몇 차례 흔들리다가 아래로 떨어지면서 큰
소리를 내며 깨졌다.

"쨍그랑!"

아야코는 유리 조각을 피해 벽 쪽으로 바짝 붙었다. 벽을 붙
잡으려고 했지만 벽도 흔들거렸다. 파도 위의 배처럼 요동치던
방은 얼마 후 진동이 멈추었다.

"아악!"

흔들림이 멈추자 아야코는 소리를 지르며 문을 열고 부엌으

로 달려갔다. 아야코의 어머니 미에는 한쪽 구석에서 잔뜩 겁에 질린 표정으로 떨고 있었다. 부엌도 엉망이었다. 그때 사카베가 서재에서 문을 열고 뛰어나왔다.

"괜찮아?"

사카베는 아내와 딸을 번갈아 보면서 안부를 물었다. 미에와 아야코는 사카베에게 달려갔다.

"이러고 있을 때가 아니다. 지진이 다시 올지 모르니 밖으로 나가야 해."

사카베는 불안해하는 아내와 딸을 달래며 밖으로 나갔다. 아야코가 아버지 뒤를 따라 문을 열고 정원으로 나갔다. 담 밖에서 고함 소리와 비명 소리가 들려왔다. 그 순간 다시 땅이 흔들리기 시작했다. 사카베는 재빨리 아내와 딸을 땅에 엎드리게 하고 곧 자기도 엎드렸다. 어디선가 돌이 굴러떨어지는 소리가 들렸다. 사카베 가족은 두 손으로 머리를 감싸고 가만히 엎드려 있었다. 잠시 멈추었던 진동이 다시 시작되었다.

"으악!"

아야코와 미에의 입에서 동시에 비명 소리가 터졌다. 세 사람은 애벌레처럼 몸을 동글게 말고 땅 위에서 굴렀다.

"쿵!"

무엇인가 묵직한 것이 무너지는 둔탁한 소리가 들렸다. 세 사람은 지진이 멈춘 뒤에도 한참이나 바닥에 바짝 엎드려 있었다.

"이제 괜찮은 모양이야."

사카베가 몸에 묻은 흙을 털어 내며 자리에서 일어났다. 미에와 아야코도 조심스럽게 주위를 살피며 자리에서 일어났다.

"담이 무너졌어요."

아야코가 소리쳤다. 아까 들려온 육중한 소리는 담이 무너지면서 난 소리인 듯했다. 주위는 난장판이었다.

"괜찮아? 다친 곳은 없어?"

사카베가 아내와 딸의 상태를 살피면서 물었다. 다행히 아무도 다치지 않았다. 주변이 엉망진창이 된 것에 비하면 천만다행이었다.

"후유, 만약 저 담장이 우리 쪽으로 무너졌으면 아마 우리 모두 깔렸을 거야. 조상님이 도와주신 모양이야."

사카베는 여전히 주의 깊게 주위를 살피면서 말했다.

"다시 지진이 나지 않을까요?"

미에가 정신이 들었는지 사카베에게 물었다. 사카베는 대학에서 물리를 가르치는 과학자였다.

"아마 당분간은 괜찮을 거야. 여진이 끝난 모양이니. 하지만 언제 또 지진이 올지는 아무도 모르지."

"무서워요."

아야코가 사카베에게 매달렸다. 아야코는 열일곱 살이었지만 이럴 때 보면 꼭 일곱 살짜리 같았다. 사카베는 아야코를 꼭 안아 주었다.

사카베는 아내와 딸을 안정시키고 더 이상 위험하지 않다는 판단을 하자 집으로 들어갔다. 집 안은 폭격을 맞은 것처럼 쑥대밭이었다. 높은 곳에 있던 물건들은 대부분 바닥에 떨어져 나뒹굴고 있었다.

"당신 점심 준비 하기 전이었던 거지?"

"왜, 배고파요? 오늘 아침을 늦게 먹어서 이제 슬슬 준비를 하려고 막 나온 참이었어요."

사카베가 빙긋이 웃으면서 말했다.

"천만다행이야."

미에는 어리둥절한 표정을 지었다. 아야코가 물었다.

"아니, 왜요?"

"만약 점심 하려고 불을 피웠으면 자칫 집에 불이 날 뻔했잖아?"

미에는 안도의 한숨을 쉬며 가슴을 쓸어내렸다.

"도쿄 시내에도 여기저기 불이 많이 났을 거야. 지금이 점심 시간이잖아. 음식을 준비하려고 불을 많이들 피웠을 테고 우리 집처럼 이렇게 땅이 흔들렸다면 불꽃이 여기저기 튀어서 불이 났겠지."

시간을 확인해 보니 12시가 조금 넘어 있었다. 사카베 가족은 오후 내내 어질러진 집을 치우고 청소했다.

"이만하기 다행이야. 우리나라는 예부터 지진이 자주 났잖아."

간단하게 차린 저녁을 먹으면서 사카베가 말했다.

"또 지진이 날 수 있단 말이에요?"

아야코가 물었다.

"물론이지. 언제든 지진이 날 수 있지."

"불안해서 어떻게 살아요? 신들이 우리에게 벌주는 걸까요?"

미에가 답답하다는 듯이 말했다.

"그렇지 않아. 지진은 땅 밑에서 일어나는 거야, 하늘이 아니라. 신과 관계가 없어."

사카베가 웃으며 말했다. 아야코는 아버지의 웃음에 불안감이 적잖이 가셨다.

지진이 있고 이틀이 지났다. 더 이상의 지진은 없었다. 아야코는 늦여름의 더위를 피해 오후 늦게 집 밖으로 나갔다. 곳곳에 지진의 흔적이 남아 있었다. 어머니의 말에 따르면 가장 큰 피해는 화재였다. 아버지의 말처럼 점심을 준비하기 위해 불을 피웠다가 지진이 나자 불이 퍼져 불난 집이 많았다. 곳곳에 검게 그을리거나 불탄 집들이 눈에 띄었다. 또 사람들을 힘들게 한 것은 집 안의 우물과 펌프가 망가져 당장 필요한 식수를 구하기가 어렵다는 점이었다. 많은 사람들이 동네 공동 우물 앞에 줄지어 서 있었다.

"사람들이 많이 죽었다네."

"하늘도 무심하시지."

"우리 옆집엔 어젯밤에 도둑이 들었어."

"못된 놈들! 힘들 때 서로 도와야지, 어쩌자고."

"일부러 불을 지르는 사람도 있다네요."

우물가를 지날 때 아야코의 귀에 여러 이야기가 들려왔다. 아야코는 갑자기 두려워져 서둘러 집으로 돌아왔다.

"아빠는 아직 안 오셨어요?"

아야코는 집에 들어서자마자 아버지를 찾았다.

"그러게, 아직 안 오시네."

부엌에서 미에의 목소리가 들려왔다.

사카베는 다행이라고 생각했다. 학교로 오는 길에 폭격을 맞은 것처럼 무너진 건물이 많이 보여서 은근히 걱정을 했는데, 그가 근무하는 학교는 큰 피해가 없었고 연구실도 별 문제가 없었다. 연구실은 조선에서 온 학생 은철이 말끔하게 정리해 놓았다. 사카베는 지난해 연구 조사차 경성을 방문했을 때 대학에 다니고 있던 은철의 도움을 받았다. 그때 은철에게 과학적 재능이 있는 걸 발견하고 함께 연구를 하자며 초청을 했다. 은철은 한 달 전쯤 도쿄로 왔다. 은철은 스물두 살이었다.

"선생님, 들어오세요. 여기는 제가 있어요."

은철이 서툰 일본어로 사카베에게 말했다. 은철은 듣는 것은 거의 알아들었지만 말하는 것이 서툴렀다.

사카베가 웃으며 말했다.

"들어가세요, 있을게요."

"아, 선생님, 들어가세요. 여기는 제가 있을게요."

사카베는 은철을 보면서 옛날에 은사가 조선의 아름다움에 대해 들려준 이야기가 떠올랐다.

"자네들, 조선은 참으로 아름다운 곳이야. 우리에겐 없는 아름다움이 있지. 난 도자기에 관심이 많은데, 내가 최고로 생각하는 도자기는 조선의 막사발이야. 조선 어디를 가든 볼 수 있는 사발이지. 그런데 그게 말이야, 투박하면서도 정이 있거든. 일본 도자기는 너무 형식을 강조하다 보니 기교가 지나쳐. 막사발은 그렇지 않아. 개성이 없는 것, 기교가 없는 것 그 자체가 개성이고 기교인 셈이지. 인간다움이라고 할까, 그게 사람의 맛이고 멋이지."

땅거미가 지고 있었다. 저녁의 짙은 그림자가 가벼운 열기와 함께 사카베의 품으로 달려들었다. 사카베는 깊이 숨을 마시고 집으로 발길을 재촉했다. 그런데 모퉁이를 돌아 큰길로 나왔을 때 한 떼의 무리가 그의 앞을 가로막았다.

"잠깐!"

"뭡니까?"

사카베는 자기를 막아선 사람을 향해 물었다. 상대는 무뚝뚝한 표정으로 사카베를 노려보며 말했다.

"이걸 읽어 보쇼."

그가 내민 종이에는 15엔 50전*이라는 글자가 쓰어 있었다.

"이게 뭐요?"

"혹시 글을 못 읽으면 내 말을 따라 해 보쇼. 15엔 50전."

"대체 무슨 일이오? 당신들은 누구요?"

"아니, 시키면 하면 되지, 뭐 그리 말이 많소? 조선인이오? 아니면 따라 해 보시오. 15엔 50전."

여러 명의 남자가 사카베를 에워쌌다. 사카베는 화가 치밀었다. 사카베는 평소에는 온화한 사람이지만 이렇게 강요당하는 것을 무척 싫어했다.

"이게 뭐요? 다짜고짜 말을 강요하다니! 당신들 누구야?"

"이거 수상하군."

앞에 서 있던 남자가 의심스러운 눈초리로 사카베를 훑어보았다.

"아니, 사카베 선생님 아니십니까? 이분은 내가 잘 알아. 내가

---

* 15엔 50전은 일본말로 '주고엔 고짓센'이라고 읽는다.

졸업한 대학교 선생님이야."

저쪽에서 누군가 다가오며 말했다. 사카베가 고개를 돌려 보니 자기에게 배운 적이 있는 니시오카였다. 그러자 리더로 보이는 남자가 깍듯하게 예의를 차렸다.

"대학교 선생님이셨군요. 실례했습니다."

니시오카는 사카베를 옆으로 데리고 갔다. 니시오카의 팔에는 완장이 채워져 있었다.

"이게 뭔가?"

사카베는 분노를 조금 누그러뜨리고 물었다.

"자경단입니다. 지진이 난 뒤 좀도둑과 강도들이 늘어서요."

사카베는 여전히 이해가 되지 않는 표정으로 되물었다.

"좀도둑과 강도들을 잡는 것은 좋지. 그런데 15엔 50전은 뭔가? 조선인은 또 뭐고?"

니시오카는 갑자기 화가 난다는 듯이 목소리를 높였다.

"지진이 나자 조선인들이 우물에 독을 풀었다고 하더라고요. 일본인들을 모두 죽이려고. 극성을 부리는 좀도둑과 강도가 다 조선인이래요. 그래서 지나가는 사람들에게 조선인들이 발음하기 힘든 15엔 50전을 말하게 해서 조선인인지 아닌지를 판별하려는 거지요."

사카베는 깜짝 놀랐다.

"뭐야? 누가 그런 말을 했어?"

"선생님, 신문도 안 보셨어요?"

니시오카는 뒷주머니에서 신문을 꺼내 사카베에게 건넸다. 사카베는 황급히 신문을 펼쳤다. 1면에 계엄령이 선포되었다는 것과 조선인들이 우물에 독을 풀었다는 말이 나돌고 있다는 내용이 나란히 실려 있었다.

'관동 일대를 소란스럽게 한 조선인 폭동의 정체는 이것. 방화와 살인, 폭행과 약탈에 이어 교량 파괴 기도.'

'마시는 물에 독. 물을 마시고 사망.'

"이것 참⋯⋯."

사카베는 말문이 막혔다.

"이건 유언비어야. 조선인들이 우물에 독을 풀다니!"

"아닙니다. 지금 도쿄 시내에 소문이 쫙 퍼졌습니다. 조선인들이 집에 불을 지르고 우물에 독을 넣었다고요. 조선인들은 아주 비열하고 나쁜 놈들입니다."

사카베는 혀를 찼다.

"쯧쯧, 그래서 자네들이 나서서 조선인들을 찾고 있나? 잡아서 뭘 어떻게 하려고?"

니시오카는 대답 대신 사카베의 소매를 잡아끌었다. 니시오카를 따라간 사카베는 흠칫 놀랐다. 골목 어귀에 머리가 피투성이가 되어 쓰러져 있는 사람들이 보였다. 몇몇은 벌레처럼 꿈틀거리고 있었다. 끔찍했다. 피가 엉겨 붙은 몽둥이를 들고 있는 사내들도 몇 있었다. 사내들이 악귀나 야차*처럼 보였다. 사카베는 야만적이라고 생각했지만 입 밖으로 내진 않았다.

"저들은 누군가?"

"조선인들입니다. 발음이 부정확하거나 아무 말도 하지 않는

---

*야차(夜叉): 인도 신화와 불교에 나오는 귀신 중 하나로 산스크리트어 야크샤를 한자로 표기한 것이다.

사람들을 처분한 거지요."

"처분? 자네들이 무슨 권리로?"

사카베는 그제야 자기를 막아섰던 사내들이 그토록 살기등등했던 이유를 깨달았다. 조선인이라고 생각되면 그 자리에서 때려죽인 것이다. 사카베는 소름이 돋았다. 연구실에 홀로 남겨진 은철이 떠올랐다. 은철이 위험했다.

"이 신문 내가 가져도 되겠지."

니시오카는 고개를 끄덕였다. 사카베는 몸을 돌렸다.

"선생님, 댁은 저쪽입니다."

"알고 있네. 학교 연구실에 뭘 두고 온 게 갑자기 생각나서."

사카베는 마음이 급했다. 학교에서도 은철이 조선인이라는 것을 알고 있었다. 그대로 내버려 두면 무슨 일을 당할지 알 수 없었다. 사카베는 거의 뛰다시피 학교로 향했다. 거리는 차츰 어두워지기 시작했다. 사카베가 연구실에 들어섰을 때 은철의 모습은 보이지 않았다. 가슴이 철렁했다. 밖으로 찾으러 나가려는 순간, 은철이 문을 열고 들어왔다.

"자네 어디 갔다 오는 거야?"

"화장실이에요."

순간 사카베는 웃음이 터져 나왔다.

"그럴 때는 화장실에 다녀왔다고 해야지. 잘못 들으면 자네가 화장실인 줄 알겠어."

은철도 순박한 미소를 지었다. 사카베는 은철을 연구실에 그대로 둘 수 없다고 판단했다.

"자네 얼른 짐을 챙기게. 나와 함께 우리 집으로 가세."

은철은 영문을 모르겠다는 듯한 표정으로 물었다.

"왜요?"

사카베는 빠르고 간단하게 현재 상황을 설명해 주었다. 은철의 얼굴이 침울해졌다.

"내 말 잘 듣게. 자경단을 만나면 아무 말도 하지 말고 가만히 있어야 해."

은철은 굳은 표정으로 고개를 끄덕였다. 사카베가 은철의 어깨를 툭 치면서 말했다.

"그래, 그렇게 말없이 있어야 하네."

얼마 후 은철이 간단한 옷가지를 챙겨서 돌아왔다. 사카베는 은철과 함께 다시 거리로 나왔다. 어둠에 묻히기 시작한 도쿄 거리는 을씨년스러웠다. 거리 곳곳에 무너지고 불탄 집들이 보였다. 아까 만났던 자경단이 있던 거리에 이르자 사카베는 손에 땀이 나기 시작했다.

"조심해야 해."

사카베는 스스로에게 다짐하듯 은철에게 말했다. 자경단은 아직 그 자리에 있었다. 멀리서 보기에도 여전히 지나가는 사람들을 붙잡고 15엔 50전을 말하라고 시키는 모양이었다. 사카베는 눈으로 니시오카를 찾았다. 그런데 니시오카는 어디로 갔는지 보이지 않았다. 니시오카를 이용해 그 자리를 빠져나갈 계획이었다.

'이제 어떻게 한담?'

그때 아까 사카베를 막아섰던 남자가 사카베를 발견했다.

"아, 선생님이시군요. 아직도 댁에 돌아가지 않으셨습니까?"

그 남자는 은철을 주의 깊게 보면서 물었다.

"연구실에 두고 온 게 있어서 돌아갔다 왔다네."

옆에 있는 은철이 떨고 있는 게 느껴졌다. 남자는 여전히 은철에게서 눈을 떼지 않았다.

"그래, 조선인들은 많이 찾았나?"

사카베는 아까와 달리 상냥한 목소리로 물었다.

"그놈들은 씨를 말려야 해요. 버러지 같은 놈들!"

사카베는 그 말을 들은 은철의 표정이 걱정되었지만 고개를 돌리지 않으려 애썼다. 공연히 의심 살 행동을 할 필요가 없었다. 사카베는 표정을 숨겨 주는 어둠이 고마웠다.

"그래, 자네들이 수고가 많네."

그 순간 골목 어귀에서 사람을 때리는 몽둥이 소리와 함께 날카로운 비명 소리가 들려왔다. 사카베와 은철은 동시에 흠칫 놀랐다. 사카베는 빨리 그 자리에서 벗어나고 싶었다. 그런데 사카베가 은철을 데리고 가려는 순간 남자가 앞을 막았다.

"그런데 이 청년은 누구인가요? 선생님을 의심하는 게 아니라 확인을 해야 해서요."

"아, 이 아이는 내 친척인데 몸이 좋지 않아서 집에 데리고 가려는 걸세."

사카베는 준비해 두었던 대로 말했다. 그러자 남자가 빠른 말로 은철에게 물었다.

"당신은 조선인이 아니지요?"

사카베는 가슴이 덜컥 내려앉았다. 눈앞이 캄캄했다. 사카베가 뭐라고 말하려는 찰나 은철의 목소리가 들렸다.

"네, 그렇습니다."

은철은 매우 정중한 말투로 대답했다. 젊은 사람들은 그렇게 말하지 않는다. 사카베의 가슴이 두근두근했다. 등으로 식은땀이 주르륵 흘러내렸다.

"조심해서 들어가십시오."

남자는 길을 내주면서 깍듯하게 인사했다. 사카베는 길모퉁이를 돌 때까지 숨을 제대로 쉬지 못했다. 그들이 보이지 않게 되었을 때야 걸음을 멈추고 긴 숨을 내쉬었다. 등 뒤에서는 여전히 비명 소리가 들려왔다.

"고개만 끄덕이라고 했잖아."

사카베가 은철을 가볍게 나무랐다. 은철이 고개를 끄덕였다. 은철도 놀란 표정이었다.

사카베는 생각했던 것보다 상황이 심각함을 느꼈다. 처음에는 은철이 위험할 것이라는 생각만 했는데 은철을 데리고 집으로 가면 자칫 가족도 위험할 수 있었다. 그렇다고 은철을 버리고 갈 수도 없었다. 은철을 그대로 두면 자경단에게 잡혀 맞아 죽고 말 터였다. 이러기도 저러기도 힘들었다.

한동안 말없이 걷던 사카베는 집이 가까워지자 걸음을 멈추고 은철의 손을 잡았다.

"내 말을 잘 듣게. 지금 상황은 따로 말하지 않아도 잘 알겠지?"

은철이 대답 대신 정색을 하며 사카베에게 물었다.

"아까 골목, 우리나라 사람인가요?"

사카베가 말없이 고개를 끄덕였다. 한동안 침묵이 흘렀다. 은철의 눈에서 눈물이 흘러내렸다. 사카베는 그것이 분노의 눈물인지 슬픔의 눈물인지 알 수 없었다. 그 순간 사카베는 은철을 살려야겠다고 결심했다.

사카베는 주위를 두리번거렸다. 그들을 보고 있는 사람은 없었다. 사카베는 자기 동네 한구석에 빈집이 있다는 것을 생각해 냈다. 그러고는 남의 눈에 띄지 않게 은밀히 은철을 그 집으로 데리고 갔다.

"한밤중이 될 때까지 여기에 숨어 있게. 밤에 내가 데리러 올 테니. 들키지 않게 조심해야 하네."

은철은 굳은 표정으로 고개를 끄덕였다. 사카베는 주의 깊게 주위를 살핀 뒤 집으로 향했다. 무너진 담장이 그를 반겼다. 밖을 한번 둘러보고 종종걸음으로 집 안으로 들어선 사카베는 쓰러지듯 그 자리에 주저앉았다.

"무슨 일이 있었어요?"

남편이 들어오는 소리를 듣고 달려온 미에는 사카베의 표정을 보고 놀라서 외치듯이 말했다. 아야코도 달려왔다. 사카베는 아내의 부축을 받고 방으로 들어갔다.

"많은 일이 있었어."

사카베는 은철에 대해 어떻게 말해야 할지 잠시 고민했다. 미에가 따뜻한 차를 가져왔다. 따스한 차를 마시자 마음이 좀 가라앉았다.

"할 이야기가 있어. 이리 와 앉아. 아야코 너도."

사카베는 바깥의 사정과 은철에 대해 갈해 주었다.

"어떻게 그런 일이! 정말로 조선인들이 불을 지르고 독을 탔을까요?"

"그렇지 않아. 자기들에게 닥친 불행을 누군가에게 떠넘기고 싶은 심리 때문이야. 그게 지나치면 광기가 되는 거야. 모두가 미쳐 가는 거지. 난 그렇게 생각해."

사카베는 미에와 아야코의 얼굴을 천천히 보았다.

"난 그 조선인 학생을 살려야겠어. 도와줘야 해. 광기는 불길과도 같아서 확 타오르다가도 금세 꺼지게 마련이야."

"당신이 그렇게 생각하면 그게 옳은 일이겠지요."

미에는 팥으로 메주를 쑨다고 해도 믿겠다는 표정으로 사카베에게 말했다. 아야코도 호기심 어린 표정으로 고개를 끄덕였다. 사카베는 희미하게 미소를 지었다.

"쉽지 않을 거야. 사람들의 이목도 피해야 하고 비밀도 잘 지켜야 하니까. 만약 들키게 되면 우리의 목숨도 위험할 수 있어. 그리고 낯선 남자와 한집에서 지내는 일도 생각처럼 쉽지만은 않을 거야. 하지만 그건 우리가 해야 할 일이야. 고마워."

미에가 낮은 목소리로 물었다.

"그 학생을 어디에 숨길 거예요?"

"일단은 서재에 머물게 하지. 창문은 모두 닫고."

세 사람은 범죄를 공모하듯 은밀한 눈짓을 주고받았다.

아야코는 가슴이 가볍게 떨렸다.

'그 조선인 학생은 어떻게 생겼을까? 잘생겼을까?'

아야코의 얼굴이 발갛게 달아올랐다.

밤이 이슥해지자 아버지는 주위를 살핀 다음 밖으로 나갔다.

아야코는 가벼운 흥분을 느끼면서 아버지의 뒷모습을 바라보았다. 아야코는 어머니와 함께 아버지가 돌아오기를 기다렸다.

얼마 후 조심스럽게 문이 열리고 아버지와 은철이 집 안으로 들어섰다.

"이쪽은 내 아내 미에이고, 이쪽은 딸 아야코라네."

은철은 고개를 꾸벅 숙이며 인사했다.

"은철입니다. 신세를 집니다."

아야코가 쿡 하고 웃었다.

"신세를 지겠습니다."

옆에서 사카베도 웃으며 고쳐 주었다.

"신세를 지겠습니다."

은철은 재빨리 따라 했다. 아야코는 일본어가 서툰 은철이 귀엽게 느껴졌다. 아버지는 은철을 서재로 데리고 들어갔다. 곧이어 어머니가 미리 준비해 둔 먹을거리를 들고 서재로 들어갔다가 바로 나왔다.

"뭘 기웃대고 있어. 얼른 들어가서 자."

어머니는 아야코의 마음을 알겠다는 표정을 지으면서도 등을 떠밀었다.

다음 날 새벽, 아야코는 뭔가 부스럭거리는 소리에 잠에서 깼다. 아야코는 문을 열고 조심스럽게 소리가 나는 부엌으로 향했다. 사내의 뒷모습이 눈에 들어왔다. 소리를 지르려는 순간 은철이 떠올랐다. 은철도 인기척을 느꼈는지 뒤를 돌아보았다. 은철은 어제처럼 순박한 표정으로 말했다.

"물이 마셔야 합니다."

아야코는 은철의 말을 알아듣고 얼른 컵을 꺼내 물을 따라서 은철에게 건넸다.

"'물을 마시고 싶습니다.'라고 해야죠."

"아야코 님, 잘 알아들었습니다."

아야코가 밝게 웃었다. 그때 사카베가 방문을 열고 나왔다.

"잘들 잤어?"

"예."

은철과 아야코가 동시에 대답했다.

"그래, 아야코가 틈나는 대로 은철에게 우리말을 가르쳐 주면 좋겠다. 한동안 은철이가 집에 있어야 하니까."

"그럴까요?"

아야코는 기다렸다는 듯이 대답했다. 은철은 아야코에게 꾸벅 인사를 했다. 그 모습을 보고 사카베와 아야코는 빙긋 웃었다.

그날 사카베는 밖으로 나가지 않았다. 사태가 진정될 때까지 당분간 학교도 가지 않는 게 좋겠다고 판단했기 때문이다.

'소나기는 피하는 게 좋다. 하물며 광기의 소나기는 더더욱!'

아침 식사를 마치고 사카베와 은철은 서재로 들어가고 아야코는 어머니와 함께 부엌에 남았다.

설거지를 마칠 무렵 누군가 문을 세게 두드렸다. 미에와 아야코는 긴장한 눈빛으로 마주 보았다. 미에는 눈짓으로 서재를 가리켰다. 아야코는 살그머니 일어나 서재로 달려가고 미에는 천천히 문을 향해 걸어갔다. 아야코가 서재 문을 열고 누군가 찾아왔다고 알리는 걸 확인한 다음 미에가 물었다.

"누구세요?"

"니시오카라고 합니다. 예전에 사카베 선생님께 배운 사람입니다."

"잠깐만 기다리세요."

사카베는 이미 미에의 등 뒤에 와 있었다. 니시오카라는 말을 듣고 긴장한 표정이 역력했다. 사카베는 말없이 손짓으로 아야코를 불러 은철을 옷장에 숨기라고 했다. 아야코는 재빨리 은철의 손을 잡고 자기 방으로 들어가 방 한구석에 있는 옷장에 은철을 밀어 넣었다. 아야코가 밖으로 나오려고 하자 사카베는 손짓으로 방에 그대로 있으라고 했다. 그리고 미에를 향해 고개를 끄덕였다.

미에는 조심스럽게 문을 열었다. 두 사내가 밖에 서 있었다. 하나는 젊었고 하나는 중년의 사내였다.

"안녕하세요, 사모님."

젊은 사내가 공손히 인사했다.

"아니, 니시오카 아닌가. 아침부터 웬일인가?"

두 사내는 머뭇거렸다.

"아, 안으로 들어오게. 여보, 차를 좀 준비해 줘."

사카베는 아야코의 방 쪽을 등진 채 니시오카에게 들어오라고 했다.

"실례하겠습니다."

니시오카와 함께 온 중년의 사내는 무엇인가를 찾는 듯이 두리번거렸다.

"이분은 누구신가?"

사카베는 최대한 부드러운 목소리로 니시오카에게 물었다.

"아, 저와 함께 자경단에서 활동하는 분이세요. 오카모토 씨, 이분이 사카베 선생님이세요."

중년의 사내가 고개를 꾸벅 숙이고 인사를 했다.

"갑자기 찾아와서 죄송합니다."

"안으로 들어오세요."

사카베는 경계하는 눈초리를 던지며 부엌 옆에 있는 탁자로 니시오카와 중년의 사내를 이끌었다. 탁자로 가면서 생각할 시간을 벌 요량이었다.

"그래, 지난번엔 자네에게 신세를 졌네. 그 뒤로 성과가 좀 있었나?"

사카베는 니시오카가 탁자에 앉는 것을 보며 물었다. 니시오카는 곧바로 대답하지 않고 집 여기저기를 살핀 뒤 입을 열었다. 사카베의 눈도 니시오카의 눈길을 따라다녔다.

"그럼요, 저희가 잡은 조선인만 해도 수백 명입니다. 도쿄 전체로 따지면 수천 명이 되겠지요."

사카베는 감탄했다는 듯이 고개를 끄덕였다. 니시오카의 이야기가 이어졌다.

"돼지 같은 조선 놈들!"

사카베는 기분이 상했지만 내색하지 않으려고 애를 썼다.

"그래, 조선인들을 잡으면 어떻게 하나? 지난번에 보긴 했지만."

"악랄하고 사악한 놈들한테 피의 복수 말고 또 뭐가 있겠습니까. 그렇지 않습니까?"

니시오카가 사카베에게 동의를 구했다.

"으음, 그래도 선량한 사람들도 있을 텐데."

"그렇지 않습니다. 조선 놈들은 천성이 악랄하고 사악해요. 사람들이 먹는 우물에 독을 타다니, 그게 어디 인간이 할 짓입니까?"

"조선인들이 우물에 독을 탔다는 증거가 있나?"

사카베는 속이 좋지 않았다. 비린내가 배 속에 스멀스멀 스며드는 느낌이었다.

"아니, 선생님, 지금 조선 놈들을 편드시는 건가요?"

니시오카의 눈이 커졌다.

"아니, 난 과학자라네. 명백한 증거가 있지 않은 한 단정을 지으면 안 된다는 말이지. 그게 과학자의 임무니까. 자네에게도 그렇게 가르친 것으로 기억하는데."

니시오카는 말문이 막히는 듯 고개를 돌렸다. 그러나 중년의 사내는 표정의 변화 없이 사카베를 보다가 주머니에서 신문을 꺼내 사카베 앞으로 내밀었다. 1면에 조선인들이 우물에 독을 풀고 집에 불을 질렀다는 기사가 실려 있는 신문이었다.

"이래도 믿지 못하시겠습니까?"

정중하지만 단호한 목소리였다. 경찰이나 군대에서 근무한 경험이 있는 사람으로 보였다. 사카베는 손에 땀이 차는 것을 느꼈다. 상대를 자극해서 좋을 건 없었다.

"믿지 못하는 것이 아니라 신중해야 한다는 뜻이지요. 제가 과학을 가르치다 보니 더 그렇습니다. 그래, 오늘은 무슨 일로 오셨습니까?"

니시오카가 대신 대답했다.

"그저께 선생님께서 웬 낯선 젊은이와 함께 집으로 가셨다고 해서 확인차 들렀습니다. 친척이라고 들었습니다만, 저야 선생님이 어떤 분인지 잘 알지만 위의 높은 분들이 하나도 빠짐없이 확인하라고 해서."

니시오카는 멋쩍은 웃음을 지었다. 그때 옆에 있던 중년 사내가 입을 열었다.

"그 친척분은 어디에 계신가요? 한번 뵙고 싶은데."

"여기 차 좀 드세요."

때마침 미에가 차를 내왔다. 사카베는 두 사람에게 차를 권했다. 사카베도 차를 한 모금 마시고 그사이에 준비한 대답을 내놓았다.

"어제 시즈오카에 있는 고향 집으로 돌아갔는데."

니시오카와 중년 사내가 얼굴을 마주 보았다. 사카베는 재빨리 한마디 덧붙였다.

"며칠 더 쉬었다 가라고 했는데 집에 계신 어머니가 걱정된다고 해서 말릴 수가 없었지."

사카베는 그 순간 시즈오카에 있는 어머니가 갑자기 보고 싶었다.

"실례지만 그 친척분과는 정확히 어떤 관계인지요?"

무표정한 중년 사내가 물었다.

"조카지요, 형님의 아들. 내 본가가 시즈오카에 있는데 형님이 거기 사십니다. 그 형님의 아들이 며칠 전 도쿄에 왔다가 그제 학교로 찾아왔었지요. 지진으로 크게 놀란 모양입니다."

사카베는 더 이야기를 하려다가 입을 다물었다. 최대한 말을 아끼는 게 좋겠다는 생각이 들었다.

"사카베 선생님, 저희가 듣기로는 선생님 연구실에 조선에서 온 학생이 하나 있다고 하던데요?"

사카베는 심장이 쿵 하고 내려앉는 듯한 느낌이 들었다. 사카베의 표정이 변하는 것을 보고 중년 사내가 몸을 앞으로 쑥 내밀며 물었다.

"그 학생은 어디로 갔습니까? 학교엔 없다고 하던데."

사카베는 니시오카와 중년의 사내 뒤에 서 있는 미에가 파랗게 질리는 것을 보았다. 사카베는 얼른 시선을 돌려 니시오카를 바라보았다. 니시오카도 궁금하다는 듯이 사카베를 뚫어지게 바라보고 있었다. 사카베는 화살처럼 날아오는 눈동자들을 느끼면서 아무도 눈치채지 못하게 심호흡을 했다.

"아, 은철이라는 조선인 학생! 며칠 전에 조선으로 돌아갔네. 우리말이 너무 서툴러서 말을 좀 더 배우고 오라고 보냈지."

"저, 실례가 되는 말이겠지만 그 친척이라는 분이 혹시 그 조선 놈, 아니 조선인 학생 아닌가요?"

중년 남자는 한번 물면 놓지 않는 호랑이처럼 계속 사카베의 목덜미를 향해 이빨을 드러냈다.

사카베는 얼굴이 달아오르는 것을 느꼈다. 직감적으로 달아오른 얼굴을 감추기 위해서는 화를 내야 한다고 생각했다.

"아니, 무슨 말을 그렇게 하십니까? 내가 거짓말이라도 하고 있다는 말입니까?"

사카베의 목소리는 미세하게 떨리고 있었다. 중년 사내가 한 발 물러섰다.

"그런 것이 아니라, 정확히 확인하기 위해서입니다."

"좀 무례하다고 생각하지 않소? 내가 조선인을 숨겨 주고 있다는 말이오?"

이번에는 사카베가 밀어붙였다.

"저도 선생님이 거짓말하고 있다고는 생각하지 않습니다. 진심으로 사과드리겠습니다. 그럼 집안을 한번 살펴봐도 괜찮겠지요? 저희가 확인할 수 있도록 도와주십시오."

중년 사내는 노련했다. 조금도 밀리지 않았다. 사카베가 거절할 명분이 없었다. 궁리할 조금의 틈도 없이 중년 사내가 자리에서 벌떡 일어났다. 니시오카도 따라서 일어났다. 사카베는 눈을 감았다.

"사모님, 이 방은 누구 방인가요? 한번 봐도 되겠지요?"

중년 사내는 재빠르게 방문을 열었다. 사카베와 미에의 침실이었다. 중년 사내는 안으로 성큼 들어가 이불장을 열었다. 이불장 말고는 방에 사람이 숨어 있을 만한 공간은 따로 없었다. 중년 사내는 곧장 부엌으로 향했다.

"이보게, 자네들 너무하는군."

사카베는 정말 화가 나 자리에서 벌떡 일어났다. 그 바람에 의자가 뒤로 벌렁 자빠졌다. 니시오카가 움찔했다. 사카베가 평소에는 온화한 성격이지만 한번 화를 내면 무척 무섭다는 것을 알고 있었기 때문이다.

"오카모토 씨라고 했소? 내 오늘의 모욕을 결코 잊지 않겠소."

니시오카가 중년 사내의 소매를 잡고 귓속말을 했다. 중년 사내는 부엌을 흘낏 보더니 닫혀 있는 아야코의 방문을 뚫어지게 보았다.

"정말 죄송합니다. 다만 저희는 확인을 해야 해서."

중년 사내는 사카베에게 돌아서며 말했다. 여전히 의심이 가득한 눈초리였다.

"마지막으로 저 방만 살펴보겠습니다."

사카베는 절망스러웠다. 달리 빠져나갈 구멍이 없었다. 사카베가 아무 대답도 하지 않자 중년 사내가 거침없이 아야코의 방으로 향했다. 그때 아야코의 방문이 벌컥 열렸다.

"무슨 일이에요?"

아야코의 목소리가 들렸다. 막 잠에서 깨어난 듯 졸리고 나른한 목소리였다. 뒤이어 비명 소리가 들려왔다.

"아악!"

모두의 눈동자가 일제히 문으로 향했다. 아야코는 황급히 몸을 숨기며 방문을 닫았다. 사카베는 분명히 보았다. 아야코가 벌거벗고 있었다. 몸에 걸친 것이라고는 목걸이 하나밖에 없었다. 두 마리의 물고기가 사카베의 머릿속을 헤엄쳤다. 그 순간 사카베는 아야코의 의도를 알아챘다. 니시오카와 중년 남자는 당황한 기색이 역력했다. 특히 문으로 향하던 중년 남자는 놀랐는지 뒤로 멀찍이 물러났다.

사카베가 니시오카에게 말했다.

"이해하게, 딸애는 곧잘 저렇게 벌거벗고 자다가 어린애처럼 아무렇지도 않게 집 안을 다니곤 한다네. 다 큰 계집애가."

미에도 아야코의 의도를 눈치챘는지 얼른 아야코의 방으로 들어가 짐짓 큰 소리로 야단을 쳤다. 안에서 여자아이의 훌쩍이는 소리가 들려왔다.

"죄송합니다. 정말 죄송합니다."

니시오카는 송구스럽다는 듯이 계속 고개를 숙였다. 사카베는 중년 남자를 바라보았다. 여전히 난감한 표정을 지우지 못하고 고민하는 표정이었다.

"돌아들 가게."

니시오카가 중년 남자의 소매를 끌고 현관 쪽으로 걸어갔다.

"선생님, 죄송합니다."

니시오카는 거듭 고개를 깊숙이 숙이고 인사했다. 사카베도 가볍게 고개를 숙였다. 중년 남자는 여전히 예리한 눈초리를 거두지 않은 채 가볍게 목례를 하고 돌아섰다.

현관문이 닫히고도 사카베는 한동안 그 자리에 멍하니 서 있었다. 아야코의 방에서 계속 훌쩍이는 소리가 들렸다. 사카베는 빙긋 웃으며 문을 똑똑 두드렸다. 그것이 신호인 양 훌쩍이는 소리가 뚝 그쳤다.

은철은 그 이후 아야코네 집에서 한 달쯤 머물렀다. 밖으로 나갈 수 없어 답답했지만 그 대신 아야코에게 일본어를 배웠다. 은철은 아야코의 밝은 미소가 좋았다. 아야코는 은철의 순수함이 좋았다. 서로 말은 하지 않았지만 눈이라도 마주치면 웃음이 나는 한 달을 보냈다.

광기가 잦아들고 조선인들에 대한 살해 위협이 사라지자 은철은 주소 하나를 남기고 조선으로 돌아갔다.

5년 뒤 스물두 살이 된 아야코는 자료 조사를 위해 조선으로 떠나는 사카베를 따라갔다. 2년 뒤 사카베는 다시 일본 도쿄로 돌아왔지만 아야코는 돌아오지 않았다.

생각의 징검다리 5

희생양 만들기
관동 대학살과 매카시즘

    권력을 가진 사람들이 사회에서 발생한 혼란을 책임지지 않고 누군가에게 떠넘기는 일이 많았다. 그것이 고대부터 있었던 '희생양(scapegoat)'이라는 생각이었다. 희생양이란 말 그대로 사람들이 지은 죄를 모두 양에게 뒤집어씌우고 그 양을 사회 바깥으로 추방하는 것을 가리킨다. 양이 사회와 사람들의 죄를 모두 가져갔으니 사회와 사람들은 깨끗하게 정화된다는 것이 희생양이라는 생각의 토대이다. 원래 희생양으로 희생된 것은 염소(goat)였는데 16세기에 성서를 영어로 번역하는 과정에서 잘못 번역되어 염소에서 양으로 바뀌고 말았다.

    그러나 오늘날 희생양이라는 말은 실제로 양이나 염소를 가리키는 말이 아니라 다른 사람의 잘못을 대신 뒤집어쓴 사람이라는 의미이다. 그리고 여러 가지 이유로 사회에 생겨난 불만이나 분노를 누군가에게 뒤집어씌워 죽이거나 사회의 중심에서 주변으로 몰아낼 때 희생양이라는 말을 사용한다.

    희생양이 된 사람 가운데 가장 유명한 인물로 예수와 잔다르크를 꼽을 수 있다. 당시 서구를 지배하고 있던 로마는 사회의 혼란을 바로잡기 위해 예수를 십자가에 매달았다. 또 프랑스는 패전의 절망에서 자기들을 구해 준 잔다르크를 영국에 넘기고 영국은 잔다르크를 마녀로 낙인찍어 불태워 죽였다.

    마녀사냥을 희생양의 관점에서 보면 백년전쟁과 페스트 등으로 사회 질서가 혼란에 빠지자 힘없는 여자들에게 죄를 떠넘겨 희생양으로 삼은 것이다. 주술과 민간 신앙을 토대로 살아온 사람들을 악마와 계약하고 내통했다는 혐의로, 또는 재산을 빼앗거나 정치적으로 무너뜨리기 위해 죄 없는 사람들을 마녀로 고발해서 불에 태워 죽였던 마녀사냥은 이미 오래전에 모습을 감추었다. 그러나 마녀사냥을 지배하는 논리는 여전히 우리 주위를 어슬렁거리며 떠돌아다니고 있다. 그 원리는 자기와 생각이 다른 사람이나 처지가 다른 사람을 차별하고 폭력을 행사하는 것이다. 이때 폭력은 신체에 직접 물리적으로 가하는 것은 물론 멸시나 경멸처럼 정신적으로 억압을 가하는 것도 포함한다. 근현대에 들어서 마녀사냥의 대표적인 사례로 꼽을 수 있는 것이 일본에서 발생한 관동 대학살과 미국의 매카시즘 광풍이다.

관동 대지진은 일제 강점기인 1923년 9월 1일, 일본 관동 지방에서 발생했다. 12만 가구의 집이 붕괴되었고 45만 가구의 집이 불탔다. 관동 대지진으로 목숨을 잃은 사람은 행방불명자를 도함해서 40만 명에 이르렀다.

이러한 사회적인 위기가 찾아왔을 때 사회 지도층이 내놓을 수 있는 수습방안은 크게 둘로 나뉜다.

하나는 상처 입은 사람들을 잘 다독이고 서로를 도울 수 있도록 북돋아 위기를 극복하는 것이다. 이 방법이 성공하면 전화위복의 기회를 얻게 된다. 위기(危機)는 위험과 기회가 하나가 되어 만들어진 말이다. 서로가 힘을 합쳐 위기를 극복하게 되면 그때까지 없던 새로운 가치를 얻을 수 있다. 우리가 알고 있는 아름다운 가치들은 이렇게 만들어졌다. 개인도 어렵고 버거운 일을 해냈을 때 자신감을 얻게 된다. "비 온 뒤에 땅이 굳어진다."라는 오랜 속담처럼 시련을 겪고 나면 더욱 강해진다.

다른 하나는 누군가 만만한 상대를 찾아내 그에게 사회에 대한 모든 불만과 분노를 뒤집어씌워 희생양으로 만듦으로써 사회 지도층의 책임을 비껴 가는 방법이다. 그 희생자는 개인일 수도 있고 집단일 수도 있다.

관동 대지진이 일어나자 일본 지도층이 선택한 것은 후자였다. 관동 대지진이 일어난 다음 날 일본 지도층은 계엄령을 선포하고 사태를 수습하려고 했지만 힘들게 되자 한국인들과 사회주의자들을 희생양으로 지목했다.

신문에는 한국인들과 사회주의자들이 폭동을 일으켰다는 기사가 실리고 또한 이들이 사람들이 먹는 우물에 독을 탔다는 악의적인 내용까지 실렸다.

이 선동에 휘말린 사람들은 재난에 대비하고 스스로를 지킨다는 명목하에 자경단을 조직해서 죽창과 몽둥이 등으로 무장하고 한국인들과 사회주의자들을 찾아내 때리고 죽였다. 일본 군대와 경찰은 이를 방조하거나 은밀하게 자경단의 편의를 봐주었다. 이때 희생된 한국인이 몇 명인지는 정확하게 알 수 없다. 적게는 2,000명에서 많게는 6,000명에 이를 것으로 추정할 뿐이다. 대부분 시체조차 찾을 수 없을 정도로 처참했다.

이렇게 해서 관동 대지진이라는 자연재해는 관동 대학살이라는 인위적인 폭력 사태로 변했다. 관동 대학살은 엄청난 자연재해를 당한 사람들의 불안 심리를 이용한 잔혹한 폭력이었다. 훗날 일본 지도층은 관동 대학살의 책임을 자경단에 떠넘겼고, 형식적인 재판을 거치기는 했지만 대부분 증거 불충분이라는 이유로 석방했다.

관동 대학살을 자행한 사람들은 자기들의 이익을 위해 근거 없는 소문을 퍼뜨리고 어떤 이미지를 만들어 희생양을 찾아내 폭력을 가하는 마녀사냥의 기본적인 원리를 충실하게 따랐다. 이 과정에서 하늘을 날고 악마와 계약을 맺는다는 허구의 이미지를 마녀에게 부여한 것처럼 한국인이 우물에 독을 타고 사악한 생각을 갖고 있다는 허구적 이미지를 뒤집어씌웠다.

이런 면에서 관동 대학살은 중세 유럽의 마녀사냥처럼 사회의 집단적 광기를 드러낸 사건이라 할 수 있다. 또한 관동 대학살은 마녀사냥의 기본적인 원리가 늘 우리 주위에 존재하고 있으며 언제든지 불타오를 수 있음을 보여 주는 사례이기도 하다.

한편 얼핏 보기엔 관동 대학살과 달라 보이지만 역시 원리라는 면에서는 동일한 사건이 미국에서도 벌어졌다. 1950년 미국 위스콘신 주의 공화당 상원 의원이었던 조지프 매카시는 "국무성 안에 205명의 공산주의자가 있다."라는 유명한 연설을 했다. 이 말로 인해 '사회 내에 사람들을 해치는 마녀가 있다.'는 마녀사냥의 기본 이념이 초래한 비극처럼 많은 사람들이 공산주의자로 지목되었고, 매카시라는 이름에서 유래한 매카시즘(McCarthyism)의 공포가 미국 사회를 덮쳤다.

당시는 2차 세계대전 이후 미국과 소련을 주축으로 한 냉전이 심각해지고 중국이 공산주의를 채택했으며, 곧이어 한국전쟁이 발발하는 등 미국이 공산주의의 확대에 위협을 느끼는 상황이었다. 이때 매카시의 발언은 작은 불씨에 기름을 부은 꼴이 되었다. 미국 사회는 반공주의에 휩싸였고 마녀사냥 때와 비슷하게 많은 지식인들과 정치가들은 스스로를 보호하기 위해 매카시즘의 허구에 대해 알면서도 침묵하거나 외면했다.

매카시즘이 지배하던 당시의 미국에서 공산주의자는 마녀사냥이 지배하던 사회에서 마녀로 지목되는 것과 다를 게 없었다. 공산주의자로 지목되거나 혐의를 받은 많은 사람들이 직장을 잃고 비난의 대상이 되었다. 한쪽에서는 보수 성향을 지닌 사람들이 매카시를 열렬하게 지지했다. 매카시즘은 반공이라는 이념을 토대로 한 마녀사냥이었다.

한편으로 미국에서 언론의 자유는 다시는 매카시즘에 휘둘리지 않겠다는 사회적 합의를 토대로 확고해졌다. 악랄한 매카시즘의 광기가 다시는 일어나서는 안 된다는 사회의 의지가 작용한 것이다.

이런 매카시즘과 비슷한 논리가 오랫동안 한국 사회를 지배했다. 세계에서 유일하게 분단 지역인 한반도는 유독 이념 대립이 심할 수밖에 없었고 이른바 '빨갱이'로 이미지화된 희생자들이 그 이념 대립 아래에서 희생되었다.

실제로 마녀사냥의 원리는 이렇게 국가나 사회뿐만 아니라 우리 일상생활에도 존재한다. 이른바 왕따라고 부르는 집단 따돌림이나 힘이 약한 소수자들에 대한 차별과 억압은 지금도 우리 주변에서 자주 경험하는 일이다.

마녀사냥은 끔찍한 전염병을 닮았다. 한번 퍼지기 시작하면 삽시간에 사회를 덮고 깊이 뿌리를 내리며 많은 희생자를 요구한다는 점에서 그렇다.

여섯 번째 이야기

2016년 한국,
서경

서경과 미주는 발걸음을 서둘렀다. 오늘 논술반에 새로운 선생님이 온다고 했다. 게다가 남자 선생님이라고 했다.

　"너무 궁금해. 아주 골 때리는 괴짜라며?"

　"교장 선생님 친척이라는 말도 있어."

　서경과 미주는 호기심에 한껏 부풀어 있었다. 서경과 미주가 계단을 올라가 교실로 막 들어가려 할 때였다. 누군가 뒤에서 말을 걸었다.

　"여기가 논술반 교실인가?"

　걸걸한 남자 목소리였다. 서경과 미주는 깜짝 놀란 표정으로 돌아섰다. 그들 앞에 덥수룩한 머리에 수염이 턱을 덮고 있고, 깡마르고 키 큰 남자가 서 있었다. 남자는 서경과 미주를 번갈아 보았다. 몰골은 거칠었지만 눈빛만은 맑고 예리했다.

"그런데요."

눈이 마주친 미주가 기어들어 가는 목소리로 대답했다.

"너희도 논술반이야?"

미주와 서경이 고개를 끄덕였다. 키 큰 남자가 웃음을 터뜨리며 말했다.

"내가 그 골 때리는 괴짜 선생이야. 교장 선생의 친척은 아니고 동생이지. 막내 동생, 크흐흐."

서경과 미주는 당황했다. 둘이 나눈 얘기를 뒤에서 다 들은 모양이었다. 서경과 미주는 아무 대꾸도 못 하고 고개를 숙였다.

"괜찮아. 현대 사회에서 정보는 중요한 거지. 다만 정확한 정보를 알아야지, 특히 논술반은. 틀린 정보는 반드시 오해와 편견을 낳게 되니까, 크흐흐."

서경과 미주는 얼른 고개를 숙여 인사하고 후다닥 교실로 들어갔다. 뒤에서 괴짜 선생 특유의 웃음소리가 따라오는 듯했다.

서경과 미주가 자리에 앉았을 때 괴짜 선생이 교실 안으로 들어섰다. 왁자지껄하던 교실은 이제 막 교실에 들어선 괴짜 선생의 풍모에 한순간 얼어붙은 듯 정적이 흘렀다. 괴짜 선생은 교탁에 기다란 몸을 기대고 교실을 천천히 둘러보았다. 학생들도 호기심이 가득한 눈으로 선생을 위아래로 훑었다.

"반갑다. 난 이백무라고 한다. 백무는 백 가지가 없다는 뜻이지, 크흐흐. 난 이름대로 없는 게 많아. 싸가지도 없고, 직업도 없고, 집도 절도 없지. 뭐랄까, 그러니까 다른 말로 하면 자유인이란 뜻이지, 크하하."

이백무는 자유인이라는 말이 마음에 들었는지 더욱 크게 웃었다. 서경과 미주는 마주 보고 빙긋 웃었다. 옆에 앉아 있던 천유도 서경과 미주를 바라보며 빙그레 웃었다. 그러다가 이백무와 눈이 마주쳤다.

"자네 이름이 뭔가? 뭔가 좋은 일이 있는 모양인데."

천유는 머리를 긁적이며 대답했다.

"강천유입니다."

"뭐, 천유? 천 가지가 있다는 말이야? 난 백 가지가 없는데. 그래, 뭘 갖고 있나?"

"천유는 그런 뜻이 아닌데요. 샘 '천' 자에 넉넉할 '유' 자를 씁니다. 넉넉함이 샘처럼 솟는다는 뜻이죠."

천유는 능청스러운 표정으로 말했다. 순간 백무의 눈이 날카롭게 그러나 장난스럽게 빛났다.

"난 없는 게 많아서 비루먹은 말처럼 말랐는데 넌 넉넉함이 솟아나 몸도 어떤 동물처럼 넉넉하구나, 크흐."

실제로 천유는 키는 크지 않지만 살집이 넉넉했다. 아이들은 백무의 말에 쿡쿡거리며 웃었다. 천유의 별명이 '귀여운 돼지'였다.

"꺽다리와 뚱뚱이."

누군가 말했다. 교실은 다시 쿡쿡거리는 웃음소리로 가득했다. 하지만 아이들은 마음껏 계속 웃지 못했다. 아직은 괴짜 선생이 낯설었다. 아이들은 웃으면서 이백무의 표정을 살폈다. 이백무도 웃고 있었다. 천유가 손을 들었다.

"선생님, 앞으로 논술 수업은 어떻게 하실 건가요?"

백무는 여전히 웃는 얼굴로 대답했다.

"딱히 준비한 것은 없는데, 그래, 오늘은 '껑다리와 뚱뚱이'처럼 서로 짝이 되는 것들에 대해 이야기해 보기로 하지. 어떻게 그런 구분이 생기고, 그렇게 생긴 구분 때문에 어떤 일이 일어나는지, 뭐 이런 것을 다루어 보지. 짝을 찾는 것은 사고의 기본이거든."

백무는 천천히 학생들을 둘러보며 말을 이었다.

"자, 짝이 되는 게 뭐가 있을까?"

백무는 날카로운 눈초리로 학생들을 둘러보았다. 선뜻 대답하는 학생이 없었다. 다들 왜 그런 질문을 하는지 모르겠다는 표정이었다. 백무는 잠깐 기다렸다가 다시 말을 이었다.

"처음이라 어렵게 느껴질지도 모르겠군. 예를 들면 밤과 낮이 짝이 되지. 어렵지 않지? 서로 다른 두 가지가 확실하게 구별되는 것을 찾으면 되는 거야."

학생들은 뭔가 알겠다는 듯이 가볍게 고개를 끄덕였다. 누군가 말했다.

"남자와 여자!"

백무가 고개를 끄덕였다.

"그렇지! 그렇게 하는 거야. 또 누가 말해 볼까?"

"하늘과 땅!"

백무는 만족스러운 듯이 고개를 끄덕였다.

"천사와 악마."

"해와 달."

그때 천유가 손을 들고 말했다.

"여름과 겨울도 되나요?"

백무는 천유를 지그시 보며 대답했다.

　"물론 되지. 서로 짝이 되는 것은 겉으로 드러난 것만 아니라 그것이 왜 짝인지를 설명할 수 있으면 무엇이든 돼. 예를 들면 농기구와 칼도 짝이 될 수 있어. 평화와 전쟁이라는 면에서 말이야."

　다시 천유가 말했다.

　"그럼 날개와 쇠사슬도 되겠네요. 자유와 억압이라는 점에서요. 날개는 자유이고 쇠사슬은 억압을 의미하니까요."

　백무는 눈을 빛냈다.

　"그렇지, 제법인데."

　이야기는 이렇게 꺽다리와 뚱뚱이에서 자유와 억압까지 진행되었다. 서경은 쇠사슬이라는 말을 듣는 순간 예경이가 떠올랐다. 서경의 표정이 어두워지자 옆에 앉은 미주가 서경의 표정 변화를 읽었다.

　"무슨 일 있어?"

　미주가 걱정스러운 표정으로 서경에게 속삭이듯 물었다.

　"아니, 그냥 예경이가 생각났어."

　미주는 가슴이 찡했다. 미주도 예경의 비극에 대해 들어 알고 있었다.

　"짝이 되는 것을 몇 가지 찾아보았는데 이번에는 왜 짝이 되는지 생각해 보자. 짝이 되는 것과 왜 짝이 되는지를 알면 문화의 원리를 쉽게 이해할 수 있어."

　천유가 손을 들고 말했다.

　"아니, 짝이 되는 것과 문화의 원리가 어떻게 관련되나요?"

"천 가지를 가진 녀석들이 중요한 하나가 없는 법이지, 크흐흐."

천유도 지지 않고 능글맞은 표정으로 말했다.

"전 넉넉한 사람이라니까요."

"그래, 넉넉하지."

백무가 웃으며 말했다. 아이들도 따라 웃었다. 백무는 천천히 아이들을 둘러본 다음 눈빛을 빛내며 물었다.

"낮과 밤이 짝이 된다는 것은 알겠지? 그렇다면 낮과 밤을 하나로 만들면 뭐가 될까?"

"하루잖아요."

천유가 심드렁하게 말했다.

"그래, 하루지. 그 하루를 나누면 밤과 낮이 되는데, 너희들은 밤이 좋으니, 낮이 좋으니?"

"전 낮이 좋습니다."

한 남학생이 대답을 하자 백무가 그 남학생에게 다시 물었다.

"왜 낮이 좋지?"

"밤은 어둡고 범죄도 많이 일어나고, 아무튼 나쁜 일이 많이 일어나잖아요?"

백무가 고개를 끄덕이며 주위를 둘러보았다. 백무와 눈이 마주친 미주가 말했다.

"전 밤이 좋아요."

"왜지?"

"전 왠지 밤이 편안해요. 마음이 차분해지는 느낌이 들거든요. 그래서 집중도 잘되고, 소란스럽지 않아서 좋아요."

"으음."

백무는 뭔가 생각하는 눈치더니 학생들을 둘러보며 말했다.

"자, 그럼 투표를 해 보자. 낮이 좋은 사람?"

여러 명의 아이들이 손을 들었다.

"그럼 밤이 좋은 사람?"

다시 여러 명의 아이들이 손을 들었다. 그때 처음부터 못마땅한 표정을 짓고 있던 동철이 도발적으로 입을 열었다.

"선생님! 낮을 좋아하든 밤을 좋아하든 개인 취향 아닌가요? 논술은 논리적인 사고 속에서 나온다고 배웠습니다. 그런데 밤이나 낮을 좋아하는 게 논술과 무슨 관계가 있습니까? 저희는 논술을 배우러 이 자리에 와 있거든요. 엄마가 좋은지 아빠가 좋은지는 유치원생들이나 하는 놀이 아닌가요?"

백무는 웃음기를 거두고 동철을 빤히 쳐다보았다. 갑자기 교실 공기가 바람을 잔뜩 불어넣은 풍선처럼 팽팽해졌다. 가벼운 침묵은 백무의 웃음으로 곧 깨졌다.

"크흐흐, 너 공부 잘하지? 전교 상위권?"

"예, 동철이가 늘 1등 해요, 헤헤."

천유가 거들었다. 서경은 천유가 백무를 닮았다는 생각이 들었다. 서경이 고개를 돌려 보니 천유는 경쟁자인 동철을 놀리는 것이 재미있다는 듯이 상글상글 웃고 있었다. 그때 수업을 마치는 종이 울렸다. 백무는 다시 웃음을 거두고 말했다.

"그래, 오늘은 여기까지 하고 '밤과 낮'이 어떻게 논리적 사고와 연결되는지는 다음 시간에 살펴보자. 여러분도 그 이유를 생각해 보고 오도록."

서경과 미주는 논술반 교실을 나와서 천천히 걸었다. 늦여름의 열기가 둘을 뜨겁게 감쌌다. 나무 그늘을 찾아간 서경과 미주는 오랫동안 말없이 앉아 있었다.

한 주일이 빨리 지나갔다. 여전히 늦여름은 물러가지 않고 막바지 더위가 기승을 부렸다. 서경과 미주는 천천히 논술반 교실로 향했다. 문을 열고 들어가자 백무가 기다리고 있었다. 서경과 미주는 가볍게 목례를 하고 자리에 앉았다.

백무는 여전히 덥수룩한 머리에 가벼운 옷차림이었다. 아이들이 모두 자리에 앉자 백무는 교탁에 몸을 기댔다.

"자, 몇 가지를 물어보겠다. 세상은 하늘과 땅으로 나눌 수 있다. 그러면 인류의 문화에서 천사는 선할까, 악할까?"

"당연히 천사는 선하죠. 악마는 악하그."

"그럼 천사는 하늘에 살까, 땅에 살까? 아니, 이제는 천사가 없다고 말할지도 모르니까 어디에 살았을까?"

"하늘에 살았겠죠?"

"그럼 악마는 어디에 살았을까?"

"땅이나 지하 세계요."

"하늘은 어두울까, 환할까?"

"하늘은 밝죠. 지하가 어두우니까요."

"그럼 하늘은 선할까, 악할까?"

"하늘은 선이죠."

"그럼 지하는?"

"악마가 사니까 악하겠죠."

백무와 천유의 속사포 같은 문답이 이어졌다. 두 사람은 무슨 재미있는 게임이라도 하듯 즐거운 표정이었다.

"그럼 환한 낮은 선일까, 악일까? 어두운 밤은 선일까, 악일까?"

"낮은 선하고 밤은 악한가요?"

천유는 자신 없는 목소리로 되물었다. 백무는 잠시 숨을 고르고 동철을 보면서 말했다. 동철은 뭐가 뭔지 모르겠다는 표정으로 백무를 바라보았다.

"사실 낮과 밤은 선하지도 악하지도 않지. 하늘도 선하지도 않고 악하지도 않아. 그건 땅이나 지하도 마찬가지야. 땅에서 우리가 먹는 곡식이 자라고 우리가 에너지로 쓰고 있는 석유가 땅속에 묻혀 있는데 악하다고 할 수 없지. 그런데 그것을 구분하고 선과 악이라는 가치를 부여한 것은 인류야. 인류가 그렇게 생각해 왔고 그것이 인류의 문화를 만들어 왔어."

백무의 말에 갑자기 분위기가 가라앉았다. 웃고 있는 사람은 천유뿐이었다. 동철은 여전히 어리둥절한 표정을 짓고 있었지만 아까와는 다른 표정이었다.

"좀 어려운 모양이군. 좀 더 쉽게 말해 볼까? 선과 악에 대해서는 너희들도 알고 있을 거야. 어떤 일은 선한 행동이라 하고 어떤 일은 악한 행동이라고 하지. 어떤 것을 악한 행동이라고 할까?"

"따돌림이요!"

서경은 충동적으로 외치듯이 말했다. 아이들의 시선이 모두 서경에게 쏠렸다. 서경은 그 순간 예경의 장례식을 떠올렸다.

"음, 흥미로운데. 왜 그렇게 생각하지?"

백무는 진지한 표정으로 서경을 바라보았다. 서경은 입술을 깨물었다. 무엇인가 고민할 때 하는 버릇이었다. 서경은 뭔가를 결심한 듯 결연히 자리에서 일어났다. 아이들은 여전히 서경을 바라보았다. 아까부터 헤실거리던 천유도 입을 다물고 서경을 쳐다보았다.

"저는 이서경이라고 합니다. 제 사촌이 집단 따돌림을 당했고 결국 스스로 목숨을 끊었습니다. 제 사촌의 어머니, 곧 제 큰어머니 되시는 분은 일본 사람이었어요. 큰아버지가 일본에서 공부하다가 만난 분으로 참 좋은 분이셨죠. 1학기 초에 사촌의 반 아이들이 그걸 알게 된 거예요. 그때 누군가 '쪽발이 년'이라고 사촌을 부르기 시작하면서 놀림감이 되었어요. 그 이후 몇몇 아이들이 독도 문제나 '위안부'가 뉴스에 나올 때마다 사촌을 놀리고 심지어는 폭행하기도 했어요. 사촌의 어머니는 우리나라를 좋아했고 명절 때 만난 내게 위안부 문제에 대해 그건 분명히 일본이 잘못한 거라고 말하기도 했거든요. 일본은 영원히 사죄를 해야 한다고도 했어요. 그런데 설상가상으로 사촌의 어머니가 뺑소니 사고로 세상을 떠나고 말았어요. 그러잖아도 어머니를 잃고 힘든 사촌에게 쪽발이의 나라로 꺼지라는 등 차마 듣기 힘든 욕설을 해서……."

서경의 눈에서 눈물이 흐르고 있었다. 미주가 서경의 손을 잡았다. 한동안 서경은 그렇게 가만히 서 있었다. 아무도 입을 열지 않았다. 교실은 낮은 침묵 속으로 가라앉았다. 얼마 후 서경은 미주의 손을 맞잡고 말했다.

"누구 하나 제 사촌을 도와주지 않았어요. 놀린 아이들도 잘 못이지만 그 아이들이 무서워 아무 말도 하지 못했던 아이들도 잘했다고 생각하지 않아요. 그런 것이 악한 행동 아닌가요?"

백무는 잠시 창밖을 바라보았다. 그리고 천천히 몸을 돌려 교실의 아이들을 둘러보며 말했다.

"한나 아렌트라는 독일 출신 정치철학자가 있어. 언젠가 미국의 어떤 잡지사의 요청으로 이스라엘의 예루살렘에서 열린 나치 전범 재판을 참관하고 글을 쓴 적이 있는데 거기서 '악의 평범성'이라는 유명한 말을 했지. 재판에서 나치의 전범들은 자기들도 위에서 시키는 대로 했을 뿐이고, 가족을 먹여 살리기 위해 어쩔 수 없이 가스실로 사람들을 밀어 넣었다고 했어. '악의 평범성'은 그 말을 듣고 한나 아렌트가 떠올린 말이야. 누구나 하는 그저 평범한 행동이 악이 될 수도 있다는 거지. 알면서도 모른 척하고 자신의 악한 행동을 합리화하는 것에 불과한데 말이지. 서경의 사촌을 괴롭힌 것은 진정으로 악한 행동이지만 그들이 무서워 모른 척한 것도 악한 행동이라는 말이야. 악은 원래 그렇게 평범한 거야."

"그럼 어떻게 해야 하나요?"

천유가 화가 난다는 듯이 물었다.

"자, 자, 흥분하지 말고. 아까 동철이 말처럼 우리는 논술반이니까. 따돌림의 짝이 되는 게 뭐지?"

"서로를 이해하고 돕는 건가요?"

동철이 말했다.

"그렇지, 잘하네. 서로 이해하려고 노력하면 따돌림은 없어지겠지. 남들에게 관심을 갖고 함께 보조를 맞춰 걸어가면 되지."

동철이 손을 들었다.

"너무 쉬운 결론 아닌가요?"

"아이고, 까칠하네."

백무의 얼굴에 다시 미소가 돌아왔다.

"문화의 원리는 간단한 거야. 중요한 것은 실천이지. 행동으로 옮기지 않는 것은 아는 것이 아니야. 머릿속으로만 이해하려고 하는 사람이 많은데 그건 진정으로 아는 것이 아니지."

"그러니까 원리를 알려 주셔야죠?"

백무는 놀리듯이 웃으면서 대답했다.

"어, 나는 그 원리를 모두 알려 줬는데."

동철은 영문을 모르겠다는 표정으로 말했다.

"짝을 찾는 것이 원리인가요?"

백무가 고개를 끄덕이며 말했다.

"그렇지, 잘 아네. 다만 짝을 찾을 때 왜 그것이 짝이 되는지를 설명할 수 있어야 해. 그래, 다음 주에는 짝이 되는 것을 하나씩 찾고, 왜 그것이 짝이 되는지에 대해 설명하는 걸로 하지. 오늘은 여기까지."

백무가 교실 밖으로 나가자 동철이 불만을 터뜨렸다.

"뭘 제대로 가르쳐 주지도 않고……. 완전 날라리야."

그때 천유가 자리에서 천천히 일어나며 말을 툭 던졌다.

"스스로 생각을 해 보라는 거야. 정답이 따로 있는 게 아니라는 말이지. 어쩌면 난 그게 논술의 핵심일지도 모른다는 생각이 들어. 외우는 게 아니라 스스로 생각해서 찾아가는 것 말이야.

난 저 선생이 마음에 든다."

서경과 미주는 교실을 나와서 나무 그늘을 찾아 앉았다. 더위는 여전했지만 가끔 시원한 바람이 나무 밑으로 파고들었다.

"예경이 보고 싶어."

서경이 운동장 너머를 바라보며 말했다. 그리움이 잔뜩 묻어 있는 목소리였다. 미주도 서경이 바라보는 곳을 함께 보며 서경의 마음을 이해한다는 듯이 고개를 끄덕였다.

"이 목걸이 좀 봐, 예경이가 남긴 거야. 예쁘지?"

서경은 목에 걸고 있던 목걸이를 풀어서 미주에게 내밀었다. 두 마리의 물고기가 서로의 꼬리를 물듯이 새겨져 있고 테두리에 작은 원들이 사슬처럼 엮인 목걸이였다. 미주는 신기하다는 듯이 요모조모 꼼꼼하게 살펴보았다.

그때 서경이 말했다.

"가끔 말이야, 밤에 목걸이를 꼭 쥐면 테두리의 원들이 환한 빛을 내고 두 마리의 물고기가 물에서 뛰어오르듯이 춤추는 것처럼 느껴질 때가 있어."

"에이, 설마!"

말은 그렇게 했지만 미주는 어쩌면 정말 물고기들이 춤을 출지도 모르겠다고 생각했다. 그만큼 목걸이에 새겨진 물고기가 생생하고 정교했다.

"아무렴 어때. 목걸이의 물고기가 춤을 출 수도 있지."

미주가 웃으며 말했다. 서경도 따라 웃었다. 그때 가벼운 바람이 두 사람의 머리카락을 흔들며 지나갔다.

"다들 생각해 왔나?"

백무의 물음에 천유가 천천히 아이들을 둘러보았다. 아무도 대답하지 않자 천유는 흐뭇한 미소를 지으며 말했다.

"지구인과 외계인요."

"왜 지구인과 외계인이 짝이 되는 거지?"

"만약 외계인이 있다면 지구인과 다른 환경에서 살고 있을 것이고, 그렇다면 문화도 다르겠지요. 물론 지리적으로도 다르고요. 그렇지만 우주의 생물이라는 점에서 짝이 될 수 있다고 생각했습니다. 낮과 밤이 짝이 되는 건 둘이 하나가 되면 하루가 되는 것처럼 말이죠."

"좋아! 또 다른 사람?"

"지구인과 외계인이 짝이 된다면 백인과 흑인도 짝이 되나요?"

동철은 정답을 찾는 표정으로 백무를 바라보았다.

"짝을 이루는 것은 얼마든지 많지. 정답은 없어. 다만 그 짝이 어떻게 이루어지는지를 찾아내는 것이 핵심이야. 백인과 흑인은 어떻게 짝이 될까?"

"서로 다른 문화를 갖고 있지만 인류라는 공통점을 갖고 있기 때문 아닐까요?"

"좀 더 들어가 보면 어떨까? 지구인과 외계인, 백인과 흑인에 대해서 말이야."

백무의 표정이 진지해졌다. 아이들도 덩달아 진지해졌다.

"외계인이나 백인과 흑인 같은 인종 문제는 나와 다른 존재, 즉 타자에 대한 물음이라고 할 수 있지. 타자, 그러니까 나나 우리와 다른 사람들 말이야. 그게 겉모습만 다를 수도 있고 머릿속의 생각도 다를 수가 있겠지? 아까 천유와 동철이 말한 다른 환경이나 다른 문화는 그것을 가리키는 거야."

"그럼 그 다른 것, 즉 차이에 문화를 이해하는 원리가 숨어 있다는 말인가요?"

"내가 짝을 찾아보라는 것은 바로 그 차이를 살펴보자는 의도였는데, 천유가 정확하게 이해했네. 우리는 눈이 바깥에 있지 않기 때문에 자기의 모습을 볼 수가 없잖아? 자기의 얼굴을 보기 위해서는 거울이나 거울과 비슷한 것에 비춰 봐야겠지? 이렇게 볼 때 그 차이가 바로 우리를 비출 수 있는 거울의 역할을 하거든. 내가 남들과 어떻게 다른가를 통해서 내 모습을 볼 수 있다는 뜻이야. 그렇게 생각하면 외계인이나 다른 인종은 나와 우리의 거울이 되는 셈이지."

"그러니까 타자가 거울이라는 뜻인가요?"

동철이 여전히 확신을 갖지 못한 표정으로 물었다. 백무가 웃으며 대답했다.

"그렇지. 다만 집에 있는 거울은 너희들의 겉모습을 비춰 주지만, 타자라는 거울은 너희들의 속모습을 비춰 주지. 백설 공주 계모의 거울처럼 말이야. 너희들은 이상하다고 생각해 본 적 없니? 백설 공주의 계모가 가진 거울 말이야. 거울은 원래 앞에 있는 사람을 비춰 주어야 하는데 그 자리에 있지도 않은 백설 공주가 예쁘다고 비춰 주잖아? 너희들도 집에 가서 거울에게 물어봐. '세상에서 가장 예쁜 건 누구지?' 하고. 거울은 백설 공주가 아니라 너희들이라고 너희의 모습을 보여 줄 거야. 그게 정상이지.”

“그럼 타자가 백설 공주의 계모가 가졌던 거울이라는 말인가
요?”

동철의 말을 빌려 천유가 물었다.

“그래서 타자라는 거울은 겉모습이 아니라 마음을, 생각을 비
춰 준다는 말이지.”

동철이 잘 모르겠다는 듯이 물었다.

“그럼 마음이나 생각을 비춰서 뭘 하죠?”

서경도 그것이 궁금했다. 왜 백무 선생은 짝이 되는 것을 찾
고 그것을 통해 나를 비춰 보라고 하는가. 어떻게 그것이 문화를
이해하는 원리가 되는 것인가?

서경은 옆에 앉은 미주를 보았다. 미주도 집중하고 있는 듯했
다. 교실엔 묘한 긴장감이 팽팽하게 흐르고 있었다. 백무도 아이
들의 긴장감을 느꼈지만 장난기를 거두고 진지하게 말했다.

“자, 이제 짝이 된다는 것은 퍼즐 조각처럼 맞추면 하나가 되
는 것들임을 알겠지? 낮과 밤이 짝이 된다고 할 때 둘을 합치면
하루가 되는 것처럼 말이야. 또는 남자와 여자라는 짝은 합치면
인간이 되고. 한국인과 일본인이라는 짝을 합치면 아시아인이
되겠지. 물론 둘을 합친다는 것은 기계적으로 억지로 끼워 넣는
것이 아니라 서로를 인정하고 조화를 이룬다는 의미야. 꽃만 있
는 꽃집보다 꽃과 풀이 적절하게 조화를 이룬 꽃밭이 더 아름다
운 것도 이 때문이지.”

백무는 잠시 말을 멈추고 아이들의 반응을 살폈다. 백무는 아
이들이 자기 말을 이해하고 있다는 것을 확신했는지 만족스러

운 미소를 지으며 말을 이었다.

"그런데 조화를 이루기 위해서는 서로를 잘 알아야겠지. 남자와 여자가 서로의 처지와 차이를 알고 서로의 장점과 단점을 알아야 서로 필요한 부분을 채우고 조화를 이룰 수가 있듯이 말이야. 서로 자기의 생각만 고집하면 조화를 이룰 수 없잖아?"

그때 천유가 손을 들었다.

"선생님, 짝이 되는 것들이 하나가 되어 전체를 이룬다는 것은 알겠는데요, 왜 전체를 짝으로 나누는 거죠?"

"좋은 질문이야. 짝으로 나눈다는 것은 그 짝들이 서로 어떻게 다른지, 그 차이를 알기 위해서이지. 차이를 알아야 서로 조화를 이룰 수 있을 테니. 예를 들어 나도 쌀농사를 짓고 너도 쌀농사를 짓는다면 우리는 서로 교환을 할 수 없겠지? 똑같은 것을 주고받아 봐야 달라질 게 하나도 없으니까. 그런데 나는 쌀농사를 짓고 너는 바다에서 생선을 잡는다면 우리는 서로 쌀과 생선을 바꾸어 더 좋은 식생활을 할 수 있을 거야. 여기에 소를 키우는 사람, 옷을 만드는 사람 등 다양한 사람들이 모이면 우리의 삶이 더욱 풍요롭고 안락해지겠지. 이렇게 사람들이 모여 있는 것이 사회이고, 그 사회 구성원들이 살아가는 방식을 일반적으로 문화라고 부르지."

서경은 백무의 논리적인 설명에 감탄을 하면서도 뭔가 알 수 없는 찜찜함을 느꼈다.

"하지만 여전히 이해할 수가 없어요. 그렇게 서로 다른 사람들이 모여 사는 사회에 왜 왕따가 있고 자살이 있고 다툼이 있는 거죠?"

서경이 백무를 향해 도전적으로 물었다. 백무는 한동안 서경을 물끄러미 바라보았다. 백무의 눈빛은 서경의 머릿속을 훑기라도 하듯 날카로웠다.

　"후유, 그렇지. 세상의 일이라는 게 늘 잘될 수가 없는 거고 또 많은 사람들이 어울려 살게 되면 갈등과 다툼이 생기는 것은 어쩌면 당연한 일이지. 내가 짝을 찾아보라고 한 것은 아까 말한 것처럼 서로의 차이를 드러내고, 그 차이로 인해 구별이 생기고, 구별 때문에 차별이 생기는 것을 알려 주고 싶었기 때문이야. 또 그 차별 때문에 억압이나 폭력이 발생한다는 점을 지적하고 싶었어. 일본 사람들 가운데에도 좋은 사람이 있고 나쁜 사람이 있을 테고, 한국 사람들 가운데에도 좋은 사람이 있고 나쁜 사람이 있겠지. 그런데 한국과 일본을 나누면 일본은 과거사에 대해 사죄를 하지 않는 나쁜 사람들이라는 이미지가 생기고, 그 순간 한국은 좋은 쪽에 서게 되지. 그래서 '쪽발이'와 같은 말이 생기게 되는 거지."

　백무는 서경을 보면서 말을 이었다.

　"남자와 여자를 짝으로 삼아 서르 구별을 하면 남녀 차별이라는 차별이 생기고, 지구인과 외계인을 짝으로 삼아 구별을 하면 지구인은 평화로운데 외계인은 침략적이고 폭력적이라는 이미지가 생기고 차별이 생기지. 네 사촌의 경우에도 그렇게 생긴 차별 때문에 스스로 목숨을 끊는 비극까지 간 거지."

　서경의 눈에서 주르륵 눈물이 흘러내렸다. 이번에는 미주가 분한 표정으로 물었다.

　"아까는 그 차이가 서로 조화를 만들어 내고 그것이 아름다운 것이라고 했잖아요? 그런데 왜 비극이 생기는 거예요?"

백무는 서경의 뺨을 타고 흐르는 눈물을 보면서 착잡한 표정으로 말했다.

"사람들의 어리석음 때문이지. 석가모니는 어리석음을 인간이 저질러서는 안 되는 세 가지 악덕 가운데 하나로 꼽았어. 짝이 있다는 것을 모르고, 또한 그 짝과 함께 아름다운 세상을 만들 수 있다는 것을 모르는 어리석음 때문에, 자기 생각만을 주장하고 자기 이익을 위해 자기의 생각을 강요해서 차이를 차별로 만들고 마는 거지. 그 차별 때문에 많은 사람들이 고통을 당하는 거고, 후유."

백무는 긴 한숨을 내뱉었다. 그와 함께 교실 분위기가 푹 가라앉았다. 잠깐 침묵이 흘렀다. 백무는 창밖을 보다가 다시 고개를 돌렸다.

"옛날에 마녀사냥이라는 게 있었어. 너희들도 한 번쯤 들어보았을 거야. 그리스도교 교회가 자기들과 생각이 다른 사람들에게 마녀라는 누명을 씌워서 불에 태워 죽였던 일 말이야."

아이들이 알고 있다는 듯이 고개를 끄덕이자 백무가 계속 말을 이었다.

"종교가 다르거나 교회와 다른 주장을 하는 사람들을 마녀라 고발하고 재판했지. 그에 따라 수많은 사람들이 죽어 갔어. 그뿐만 아니라 유럽인들이 아메리카 대륙을 찾아가 그곳에 살고 있던 원주민들을 피부가 다르고 문화가 다르다는 이유로 죽이고 착취했지. 너희들도 '콜럼버스의 신대륙 발견'이라는 말을 잘 알고 있을 거야. 그 말에는 아메리카 대륙에 이미 원주민들이 살고 있다는 사실을 인정하지 않으려는 무서운 의도가 숨겨져 있어. 원주민은 사람이 아니라는 말이지. 실제로 유럽에서는 아메리카 인디언들이 사람인가 아닌가를 놓고 진지하게 토론을 벌이기도 했어. 사람들이 아닌 짐승과 같은 존재라고 생각했으니까 자기들 마음대로 신대륙 발견이라는 말을 하고 그곳의 사람들을 짐승처럼 부려 먹었던 거야. 물론 마음에 들지 않으면 짐승을 사냥하듯 마구잡이로 죽이고. 정확하게 말하면 신대륙을 발견한 것이 아니지. 그곳에는 아주 오래전부터 사람들이 살고 있었으니까. 정확한 말은 악랄한 침략이지."

백무는 조금 흥분한 듯 기관총을 쏘듯 말을 쏟아 냈다.

"이렇게 인류는 오랫동안 서로 다른 것과의 차이를 찾아내서 조화를 이루는 아름다운 세상을 만들어 온 한편으로 차이를 빌미로 차별을 만들어 내고 억압하그 착취를 해 왔던 거지. 자기와 생각이 같은 사람들과 패거리를 만들고 그 패거리들이 다른 사람들의 생각을 존중하지 않고 오히려 짓밟기도 했다는 말이야. 대표적인 것이 마녀사냥이고 지금도 다른 모습으로 여전히 우리 주위에 존재하고 있지. 따돌림도 그렇고, 힘 있는 사람들이 힘없는 사람들을 구별하고 차별하는 일이 자주 일어나고 있어. 힘 있는 사람들이 힘없는 사람들과 함께 조화를 이루고 서로를 인정하면서 도우며 살면 좋은 세상이 되지만 그러지 않을 땐 비극과 불행이 일어나게 되지."

백무는 말을 마치고 서경을 바라보았다. 서경의 눈에서는 여전히 눈물이 흘러내리고 있었다. 백무는 오랫동안 서경을 바라보았다.

"선생님, 그럼 어떻게 해야 할까요? 뭔가 구체적인 방법이 없을까요?"

천유는 전과는 달리 공손하게 선생님이라는 호칭을 썼다. 선생님과 학생이라는 구별과 조화를 생각했기 때문인 듯했다. 백무는 천유를 보면서 그 마음을 이해한다는 듯이 밝게 웃었다.

"가장 중요한 것은 사람들이 어리석음에서 벗어나는 일이야. 프로메테우스가 인류에게 준 선물인 불을 밝혀서 어리석음의 어둠에서 벗어나 세상의 참된 이치를 알아야겠지. 그리고 예수가 인류에게 역설했던 사랑을 가슴에 품고 세상과 만나면 해결되지 않겠어?"

"석가모니와 프로메테우스, 예수는 알겠는데 그게 다인가요? 논술 시험에 문제가 나오면 그렇게 쓰면 되나요?"

동철이 조금 어이가 없다는 듯이 물었다. 백무도 어처구니가 없다는 듯이 피식 웃었다.

"논술은 어떤 문제에 대해 자기 생각이나 주장을 설득력 있게 쓰거나 말하는 것이지. 그런데 그것을 위해서는 먼저 자신의 체험이나 책을 읽고 얻은 지식에 대해 깊이 생각하는 훈련을 해야 하지. 더러는 논술이 글만 쓰면 되는 거라고 생각하는 사람들이 있어. 다시 말하지만 체험 또는 간접 체험인 책이나 영화를 보고 생각을 하면서 스스로 질문을 던져 보아야 해. 그래야 쓸 거리가 생기지, 안 그래? 학문(學問)이라는 말도 배우고[學] 그 배운 것에 대해 물음[問]을 던지는 것을 뜻하는 거야. 배우고 물어야 학문이라는 말이지. 그런데 요즘 학생들은 잘 묻지 않는 것 같아. 외우려고만 하지. 스스로 자꾸 묻고 생각하는 훈련을 해야 논술을 잘할 수 있어, 크흐흐.”

“백무 선생님, 그래도 논리적으로 글을 쓰기 위해서는 뭔가 논리가 필요하지 않을까요?”

천유가 빙긋이 웃으면서 물었다.

“천유 학생, 그래, 논술은 논리적으로 써야 하지. 크흐흐, 내가 공부한 문화인류학에는 문화 상대주의라는 개념이 있는데, 상대방의 문화를 그대로 인정한다는 뜻이야. 뭐, 당연한 것 아니냐고 생각할 수도 있는데, 그게 그렇지가 않아. 우리가 지금까지 논의해 온 것들을 생각해 보면 차별이 생기는 것은 상대방의 문화나 생각을 인정하지 않거나 소홀하게 생각하기 때문이거든. 예를 들면 얼핏 보기에 미개하고 불쌍해 보이는 아프리카 원주민들도 나름대로 고유한 문화를 갖고 있거든. 그런데 그것을 인정하지 않고 내가 더 뛰어나다고 생각하고 그들의 문화를 바꾸려고 한다든지 경멸한다든지 깔아뭉갤 때 갈등과 다툼이 생기는 거야. 너희들이 문화 상대주의의 예를 하나씩 생각해 봐.”

“서구와 이슬람이요.”

천유의 대답에 백무가 고개를 끄덕이며 물었다.

“왜 그렇지?”

“서로 종교가 다르고 믿는 신이 다를 텐데 서로 자기가 옳다고 주장하는 거잖아요? 특히 미국을 비롯한 서구가 이슬람에 대해 사악하고 폭력적이라고 주장하는 것은 문화 상대주의에 어긋나는 것처럼 보입니다.”

“그래, 아주 단순하게 생각해 보자. 이슬람 지역은 건조하고 사막이 많은 곳이지. 무척이나 덥고. 그렇다면 그들은 태양을 어떻게 생각할까? 선하다고 느낄까, 악하다고 느낄까? 아무래도 악하다고 느끼겠지. 아마 지긋지긋할 거야. 그래서 이슬람 지역의 국기를 보면 자기들이 싫어하는 태양 대신 달이나 별이 그려져 있지. 이와 반면에 태양과 물에 의지해서 농사를 짓고 살았던 우리나라를 비롯한 농경 사회에서는 태양을 매우 소중하고 선한 존재라고 생각해 왔어. 일본처럼 백지에 둥글고 붉은 태양을 그리면 국기가 되는 나라도 있고. 이처럼 살아온 환경에 따라 문화가 달라진 것인데 그것을 자기 기준에서 선과 악으로 구분하고 차별하는 것은 옳지 않다는 말이지. 그게 문화 상대주의의 핵심이야. 상대방의 문화를 일단 인정하고 왜 그런 문화를 갖게 되었는지 살피고, 필요하면 우리가 받아들이거나 전에 말한 것처럼 문화의 거울로 활용할 수 있는 거지. 그러니까 천유가 말한 것처럼 서구와 이슬람은 지금껏 살아온 역사가 다르고 종교가 다른데 어느 한쪽을 사악하다고 생각하는 것은 옳지 않지. 미국 내의 흑인과 백인의 갈등 같은 인종 문제나 국가 사이의 갈등도 이와 유사한 경우지. 또 뭐가 있을까? 따져 보면 너무나도 많지. 그래, 너무나도 많아. 서로 다른 것인데 틀리다고 말하고 생각하는 사람들이 너무나도 많아. 다름은 틀림이 아닌데 세상을 수학 문제를 풀 듯이 접근하니, 어휴.”

백무는 긴 한숨을 내쉬었다. 서경의 마음속에도 긴 한숨의 강이 흘렀다. 예경을 괴롭히고 왕따를 시켰던 아이들 가운데 하나가 예경의 죽음에 충격을 받아서 학교를 그만두었다는 말을 들었다.

백무는 서경의 마음을 읽기라도 한 듯 단호하게 말했다.

"다른 것을 인정하지 않고 구별하고 차별하게 되면 우리 모두 희생자가 될 수밖에 없어. 괴롭히는 사람이나 괴롭힘을 당하는 사람 또는 집단 모두 피해자가 되고 마는 거지."

"그들 모두 세상의 아름다움을 잃은 자들이다."

서경의 귀에 백무의 마지막 말이 맴돌았다. 서경은 창밖을 보았다. 하늘이 세상처럼 먹구름에 덮여 어둑어둑했다. 비가 한바탕 퍼부을 듯했다. 그 비가 내리고 나면 환한 햇살이, 늦여름의 나른한 햇살이 비쳐들 것이다. 세상은 그렇게 먹구름과 햇살이, 거센 비와 맑은 공기가 어울려 아름다움을 빚어낸다. 서경은 마음속으로 작게 속삭였다.

"예경아! 다음에 또 만나. 아름다운 모습으로."

삶과 죽음도 짝이니까.

생각의 징검다리 6

한국 사회와 마녀사냥

짧은 기간 동안 크게 변화한 한국 사회도 사회적 소수자나 약자를 차별하고 희생양으로 만드는 마녀사냥의 원리에서 자유롭지 못했다. 지난 100년을 돌이켜 보면 일제 강점기 때 일본 제국주의의 앞잡이가 되어 약한 동포를 잔혹하게 괴롭혔던 친일파들이 있었고, 한국전쟁을 기점으로 같은 민족인 남북한이 서로를 악이라 규정하고 피를 철철 흘리며 싸워야 했으며, 전쟁 이후에는 좌익과 우익의 이념 논쟁에 휘말렸다.

좌우로 나뉜 이념 논쟁은 오랫동안 한국 사회를 지배했다. 이를 통해 자기만 옳다고 생각하고 상대를 틀렸다고 몰아세우는 태도가 생겨났고 한국 사회 특유의 경직성을 만들어 냈다. 이후 한국 사회에서 일어난 변형된 마녀사냥은 이러한 태도가 오랫동안 굳어지면서 우리의 생활 속에 깊이 뿌리를 내린 탓으로 볼 수 있다.

2002년 월드컵 때 응원단이었던 붉은 악마가 빨간 옷을 입고 열띤 응원전을 펼쳐 4강의 기적을 일구어 냈지만 이른바 '빨갱이'라는 말은 아직도 한국 사회에 발 없는 유령처럼 떠돌고 있다. 여기에 남북한이 갈라진 것도 안타까운데 경상도와 전라도가 나뉘어 서로를 헐뜯고 해괴한 논리로 마녀사냥을 해 왔다.

이런 논리는 학교 교실에도 스며들어 집단 따돌림으로 스스로 목숨을 끊은 학생들이 많았다. 1997년 이른바 IMF 구제금융을 경험한 이후 돈이 새로운 중심 가치가 되면서 빈부가 나뉘고 여기에도 변형된 마녀사냥의 원리가 자리를 잡았다. 이른바 '갑질', '미개인'이라고 하는 정신적·물리적 폭력이 수반된 현상이 대표적인 것이다.

여기에 신자유주의의 영향으로 경쟁과 고립이 심화되면서 세대 사이의 갈등이나 외국인 노동자, 성 소수자에 대한 비난과 폭력이 더해졌다. 더욱 우려스러운 것은 남녀가 나뉘어 서로를 비난하고 헐뜯으며 억압하는 사태까지 발생하고 있다는 점이다. 최근 사람들 입에 자주 오르내리는 '일베'와 '메갈리아' 같은 인터넷 커뮤니티가 대표적인 사례이다.

사람들이 모여 사는 사회에 갈등이 없을 수가 없다. 늘 보이거나 보이지 않는 갈등이 사회에 그림자를 드리우기 마련이다. 인류는 오랫동안 그 갈등을 해소하고 누군가를 희생하지 않고 평화롭게 지내기 위해 애써 왔다. 서로를 불신하고 헐뜯기보다 상대를 믿고 함께 따스한 손을 잡고 살아가는 것이 행복에 이르는 길임을 알고 있었기 때문이다.

이런 점에서 러시아의 탐험가이며 지리학자였던 표트르 크로포트킨이 살아남기에 가장 적합한 종은 가장 효과적인 수단을 통해서 서로 협력하고 돕는 종이라고 했던 주장은 흥미롭다. 생존 가능성을 높이기 위해서는 서로 협력해야 한다는 것이다.

현대 사회에서는 크게 약화되긴 했지만 축제나 종교 윤리, 도덕을 비롯해서 예술이나 문학 등이 협력과 설득을 통한 갈등 해소의 역할을 해 왔다. 어쩌면 우리가 누리는 대부분의 문화가 사회에서 일어날 수 있는 갈등을 미연에 방지하거나 해소하기 위한 것이다. 그만큼 중요하다.

한국 사회는 지난 100년 동안 일제 강점기와 한국전쟁, 산업화로 인한 서구적 가치의 유입, 5·18 민주화 운동, '한강의 기적'이라고 불린 경제 발전 등 많은 위기와 번영이 함께해 왔다. 번영을 구가할 수 있었던 것은 위기를 극복하며 우리 스스로 가치를 만들어 냈기 때문이었다.

그러나 한편으로 독버섯처럼 우리의 생각과 삶을 갉아먹는 마녀사냥의 원리가 깊이 뿌리를 내렸다. 누군가를 끊임없이 희생양으로 삼아서 움직이는 사회는 역사에서 보듯이 오래 번영하지 못한다. 배가 고파 끝내 자기의 팔다리를 먹고 몸뚱이마저 잡아먹고 얼굴만 남은, 인도 신화에 나오는 괴물처럼 어쩌면 우리 사회는 괴물 사회가 될지도 모른다.

우리가 자주 쓰는 말처럼 '틀린' 것이 아니라 '다른' 것이고, 다르다고 해서 비난을 받거나 폭력의 대상이 되어서는 안 된다. 그것은 우리 자신이 언제든 폭력의 대상이 될 수 있기 때문이다. 사람의 얼굴이 모두 다른 것처럼 생각도 모두 다르다는 점에서 그렇다. 언제든 내가 찌른 칼이 나를 찌르는 칼이 될 수 있다.

대장장이는 쇠로 평화를 위한 농기구를 만들 수도 있고 전쟁을 위한 칼을 만들어 낼 수도 있다. 소가 물을 마시면 우유가 되지만 뱀이 물을 마시면 독이 된다. 어느 쪽을 선택할지는 우리에게 달려 있다.

아직도 마녀가 있다고?

편견과 차별이라는 오래된 인류의 전염병, 마녀사냥

2016년 9월 30일 1판 1쇄
2019년 1월 31일 1판 4쇄

지은이 이경덕

편집 정은숙, 김혜영   **디자인** 백창훈   **마케팅** 이병규, 양현범, 이장열   **제작** 박흥기
인쇄 천일문화사   **제본** J&D바인텍

펴낸이 강맑실   **펴낸곳** (주)사계절출판사
주소 (우)10881 경기도 파주시 회동길 252
전화 031)955-8558, 8588   **전송** 마케팅부 031)955-8595 편집부 031)955-8596
홈페이지 www.sakyejul.co.kr   **전자우편** skj@sakyejul.co.kr
블로그 skjmail.blog.me   **트위터** twitter.com/sakyejul   **페이스북** facebook.com/sakyejul

ⓒ 이경덕 2016

ISBN 978-89-5828-470-3 43330

이 도서의 국립중앙도서관 출판시도서목록(CIP)은 e-CIP 홈페이지(http://www.nl.go.kr/ecip)와
국가자료공동목록시스템(http://www.nl.go.kr/kolisnet)에서 이용하실 수 있습니다.
(CIP제어번호: CIP2016022667)